Len Woods
Himmlische Lifehacks

Über den Autor

Len Woods kommt aus Louisiana, hat einen Abschluss in Journalismus von der Louisiana State Universität und einen in Theologie vom Dallas Theological Seminary. Er war Pastor (Jugendpastor, Universitätspfarrer, Kleingruppenleiter, leitender Pastor), dessen Herz immer noch für Christen schlägt, die sich abmühen und abstrampeln. Jedes Mal, wenn er predigt, das Abendmahl nimmt oder etwas Schönes sieht, ist er überwältigt von der Größe Gottes.

LEN WOODS

Himmlische LIFEHACKS

→ 36 TIPPS, DIE DEN GLAUBEN LEBENDIGER MACHEN

Aus dem Englischen
von Elke Wiemer

Inhalt

Vorwort 13
Was zum Henker ist ein Hack? 15
Lifehack Nr. 1: Wo fängt man mit den Hacks an? 21
Lifehack Nr. 2: Wenn du dich geistlich nicht so entwickelst,
   wie du dir das wünschst 26
Lifehack Nr. 3: Wenn du in eine Welt voller Probleme
   aufbrichst 34
Lifehack Nr. 4: Wenn du das Gefühl hast, dass Gott in
   deinem Leben nicht am Werk ist 40
Lifehack Nr. 5: Wenn du mit Zweifeln kämpfst 47
Lifehack Nr. 6: Wenn du dich überfordert fühlst 53
Lifehack Nr. 7: Wenn das Leben voller Ungewissheiten ist 58
Lifehack Nr. 8: Wenn du völlig erschöpft bist 63
Lifehack Nr. 9: Wenn es lange dauert, bis du dich von
   einer kräftezehrenden Erfahrung erholt hast 68
Lifehack Nr. 10: Wenn der Gedanke an Buße dich kalt
   lässt 73
Lifehack Nr. 11: Wenn du beten willst, aber nicht die
   richtigen Worte findest 78
Lifehack Nr. 12: Wenn deine Stille Zeit zu langweilig ist . . 83
Lifehack Nr. 13: Wenn du das Gefühl hast, jemanden
   unbedingt retten zu müssen 89
Lifehack Nr. 14: Wenn du deinen Glauben mal einem
   Gesundheitscheck unterziehen solltest 94

Lifehack Nr. 15: Wenn dein Herz erfüllt ist (aber nicht mit den besten Dingen) 99
Lifehack Nr. 16: Wenn du nur um dich selbst kreist 103
Lifehack Nr. 17: Wenn es dir (emotional) nicht gut geht . . 108
Lifehack Nr. 18: Wenn du es satt hast, etwas vorzutäuschen 113
Lifehack Nr. 19: Wenn du nicht weißt, was du sagen sollst 118
Lifehack Nr. 20: Wenn du dankbarer sein könntest 123
Lifehack Nr. 21: Wenn du gezwungen bist, Zeit mit einer nervtötenden Person zu verbringen 128
Lifehack Nr. 22: Wenn du innerlich ganz aufgewühlt bist 133
Lifehack Nr. 23: Wenn du ermutigende Botschaften erhältst 138
Lifehack Nr. 24: Wenn du dich selbst nicht leiden kannst, weil du Dinge nicht tust, die du eigentlich tun solltest 142
Lifehack Nr. 25: Wenn du wütend bist, weil dir so viele nervige Menschen im Weg stehen 146
Lifehack Nr. 26: Wenn du am liebsten aufgeben würdest 149
Lifehack Nr. 27: Wenn du denkst, du hättest anderen nichts zu bieten 156
Lifehack Nr. 28: Wenn du dir zu viele Gedanken über die anderen machst 161
Lifehack Nr. 29: Wenn du keine Lust hast, das zu tun, was du tun solltest 166
Lifehack Nr. 30: Wenn du mit Psalm-88-Gefühlen in einem Psalm-98-Gottesdienst sitzt 172
Lifehack Nr. 31: Wenn Produktivität zum Problem wird . . 177
Lifehack Nr. 32: Wenn du mit etwas neu anfängst 183
Lifehack Nr. 33: Wenn dein Leben aus dem Gleichgewicht gerät 187

Lifehack Nr. 34: Wenn dir alles nur noch grau und trübe
   vorkommt.................................. 192
Lifehack Nr. 35: Wenn du ständig vergisst, worauf
   es ankommt 197
Lifehack Nr. 36: Wenn du dich fragst: Wie lange
   brauche ich diese geistlichen Lifehacks noch? 204
Liste der geistlichen Lifehacks 210
Danksagung 214
Anmerkungen 215

*„Ich möchte, dass du so schön wirst, wie du gemeint warst,
als Gott zum ersten Mal an dich dachte."*

George MacDonald: The Marquis of Lossie

Für Cindi.

*Du erinnerst mich jeden Tag daran,
dass Gott gut und gnädig und wahrhaftig ist.*

*Du bringst Freude in mein Leben – auch in die Bereiche,
die noch viele Hacks nötig haben.*

Vorwort

Ich kenne Len Woods schon seit fast vierzig Jahren.
Len ist ein begnadeter Autor. Er fesselt die Aufmerksamkeit seiner Leser, indem er tiefgründige Wahrheiten auf eine Art und Weise vermittelt, die praktisch jeder verstehen kann. Er engagiert sich seit seiner Studienzeit in der Gemeindearbeit und hat schon mit Menschen aller Altersgruppen gearbeitet. Er hat ihnen in guten und in schwierigen Zeiten zur Seite gestanden, hat sie durch Probleme und „Wachstumsschmerzen" begleitet und ihnen geholfen, im Glauben zu wachsen. Als praktisch veranlagter Fachmann hilft er den Lesern zu erkennen, was die Bibel mit ihrem Leben im 21. Jahrhundert zu tun hat und wie sie die biblischen Wahrheiten ganz konkret umsetzen können.

Himmlische Lifehacks verbindet alle diese Eigenschaften: Lens Leidenschaft für Gottes Wort, sein Mitgefühl für Menschen und ihre Probleme, seine praktische Lebenserfahrung und seine Schreibkünste.

Diese „Lifehacks" setzen bei echten Problemen von echten Menschen an – und bei manchen dieser Situationen sagst du vielleicht auch: „Das geht mir genauso!" Len schildert mögliche geistliche Herausforderungen und liefert dann unglaublich praxisnahe Vorschläge, wie man diese weit verbreiteten Probleme lösen kann. Seine Antworten sind simpel, aber nicht platt. Sie sind klar und prägnant.

Mich persönlich haben viele seiner Hacks angesprochen, aber besonders herausgefordert hat mich der letzte – „Wie lange brauche ich diese geistlichen Lifehacks noch?" – und Lens überzeugende Schlussfolgerung.

Vielleicht geht es dir ja wie mir, und du kannst das Buch gar nicht mehr aus der Hand legen und liest von der einen Geschichte zur nächsten oder von einem Beispiel zum nächsten weiter. Ich würde dir empfehlen, beim Lesen immer ein Notizbuch und einen Stift griffbereit zu haben. Du wirst dir nämlich den einen oder anderen „frommen Kniff" aufschreiben wollen, um ihn in deinen Alltag zu integrieren. Und ich bin mir sicher: Wenn du Lens Vorschläge umsetzt, wird sich dein Leben verändern.

Viel Spaß!

Dave

Dave Veerman ist Co-Autor der beliebten Life Application Study-Bibel und preisgekrönter Autor von über 70 Büchern.

Was zum Henker ist ein Hack?

Hack.
 Bei diesem Wort zuckt man unwillkürlich zusammen. Aus dem Englischen übersetzt bedeutet es *hacken*, was unter anderem so viel bedeutet wie *mit der Axt, mit dem Beil zerkleinern, in Stücke schlagen*.[1] Klingt nach einem Horrorfilm, oder?

Und dann war da noch der Tag, als jemand dein ausgeklügeltes Passwort geknackt (du verwendest überall „qwertz"), sich in deinen Rechner *gehackt* und mit deiner Kreditkarte in Russland einen Flachbildschirm gekauft hat. Und wir sollten auch nicht den netten Handwerker vergessen, den du geholt hast, damit er in der Küche eine neue Steckdose einbaut. Weil er aber kein ausgebildeter Elektriker war, sondern sich sein Wissen in einem Video mit Lifehacks auf YouTube geholt hat, kannst du jetzt mit dem Lichtschalter im Bad das Garagentor öffnen.

Keine Angst – mir geht es in meinem Buch um eine andere, positivere Art von *Hacks*.

Mitte der 1950er und Anfang der 1960er wurde das Wort *Hack* an renommierten Instituten wie Harvard und dem MIT zu einer Ehrenbezeichnung. Als *Hack* bezeichneten die Ingenieure und die Computer-Cracks einen cleveren, kreativen Weg, um ein technisches Problem zu lösen. Ein *Hacker* war also ursprünglich ein schlauer Mensch, der geschickt technische Probleme löste – oft auf eine trickreiche, aber nicht bösartige Weise.

Und weißt du, wer der berühmteste Hacker ist? Wer die innovativen Problemlösungen gesellschaftsfähig gemacht hat? Ganz einfach: der fiktionale Held der Serie *MacGyver*, die von 1985 bis 1992 lief.[2]

Die Serie schildert die Abenteuer von Angus „Mac" MacGyver. Dieser arbeitet für eine geheime Regierungsorganisation namens „Phoenix Foundation". Er ist eine Art Anti-James Bond: etwas unkultiviert und alles andere als weltmännisch. Er hat einen Vokuhila (vorne kurz, hinten lang), fährt einen Jeep und liebt Hockey. MacGyver trägt keine Schusswaffe, sondern hat nur sein heiß geliebtes Schweizer Taschenmesser dabei. Und weil er auch einen messerscharfen Verstand hat und erfinderischer ist als ein ganzer Trupp von erfahrenen Pfadfindern, kann er aus Alltagsobjekten Dinge machen, die ihn aus den schwierigsten Situationen retten. Bei einer Gelegenheit baut er zum Beispiel aus einem Schaltknüppel, etwas Füllung vom Sitzpolster, einem Zigarettenanzünder und einem Schal einen Granatwerfer, den er erfolgreich auf den Kühlergrill des Fahrzeugs abfeuert, das ihn verfolgt.

Für eine ganze Fernsehgeneration von Technik-Freaks wurde der Name MacGyver zu einem Verb: „Da habe ich mir Klebeband, zwei große leere Plastikflaschen und meine Taschenlampe geschnappt und daraus eine Stirnlampe gegyvert."

Heutzutage bezeichnet man eine macgyverische Lösung für ein Alltagsproblem als *Lifehack*. Überall im Internet findet man mittlerweile schlaue „Lifehack-Gurus" – früher hat man sie noch „Großeltern" genannt –, die auf ihren Webseiten solche *Lifehacks* anbieten. Sie verdienen einen Haufen Geld damit, Menschen zu zeigen, wie man …

- … seine Wertsachen am Strand in einer leeren Sonnenmilchflasche versteckt,
- … seine Katze davon abhält, mit dem Toilettenpapier zu spielen,
- … einen Kuchen mit Zahnseide schneidet. (Es gibt tatsächlich Menschen, die das tun. Wahrscheinlich, damit sie sich die zehn Sekunden sparen, die es sie kostet, das Messer abzuwaschen. Oder vielleicht meinen sie, wenn sie den Kuchen mit Zahnseide schneiden, müssten sie ihre Zähne nicht mehr mit Zahnseide reinigen. Wie auch immer, wenn du diesen Trick nachmachen willst, solltest du auf jeden Fall geschmacksneutrale Zahnseide verwenden.).

Manche besonders beliebten Lifehacks sind eher Schaumschlägerei. Aber es gibt Hacks, die tatsächlich das Leben leichter machen. Und wer wünscht sich das nicht?

Leon Ho, der Gründer und Geschäftsführer von lifehack.org (einer der erwähnten Webseiten), definiert Lifehack als „praktisch anwendbares Wissen, das einem Bereich deines Lebens sofort Auftrieb gibt".[3] Er sagt, wenn man auf die verschiedensten Probleme die passenden Hacks anwendet, „wird man feststellen, dass sich die gesamte Lebensqualität signifikant bessert".[4]

Klingt verlockend, oder? Wenn mir jemand zeigt, wie ich ein nerviges Problem auf kreative Weise beseitigen, mithilfe eines bislang unterschätzten Tricks Geld oder Zeit sparen oder auf innovative Art nicht nur Ärger vermeiden, sondern mein Leben schöner machen kann, dann bin ich ganz Ohr. Legen wir also los mit den Hacks!

Wenn ich das Ganze aus der Perspektive eines Christen betrachte, dann stellt sich für mich die Frage, ob es auch

Lifehacks für das geistliche Leben gibt. Kann ich mit simplen Kniffen das komplexe Glaubensleben auf Kurs bringen?
Ja und ja.
Bevor wir uns einige davon anschauen, hier aber noch ein kleiner Haftungsausschluss:

1. Es gibt einen riesigen Unterschied zwischen einem normalen Lifehack und einem geistlichen Lifehack
Wenn es dich nervt, dass du nie den Anfang der Tesafilm-Rolle finden kannst, dann habe ich eine gute Nachricht für dich: Dafür gibt es einen ganz einfachen Trick. Drücke einfach eine Büroklammer auf das Ende der Klebeseite. Voilà! MacGyver wäre stolz! Deine nächste Klebeaktion wird ein Kinderspiel sein und kein Kampf.

Aber was ist mit komplexeren, persönlicheren Problemen? Was ist zum Beispiel, wenn du jedes Mal eine Krise bekommst, wenn du an die Zukunft denkst? Da brauchst du einen anderen Hack, wie die folgende Tabelle zeigt:

Lifehacks ...
… beschäftigen sich mit oberflächlichen Problemen (z. B. wie man Fremdkörper aus der Computertastatur entfernt).
… beschäftigen sich mit der richtigen Technik, Effizienz und Produktivität.
… sind meist schnell erledigt, einfach und einmalige Aktionen.
… machen das Leben kurzfristig angenehmer.
… helfen dabei, zu einem cleveren Menschen zu werden.

geistliche Lifehacks ...
… beschäftigen sich mit Problemen, die den Kern unseres Wesens betreffen (z. B. wie man sich lähmender Angst stellt).

… beschäftigen sich mit unserem geistlichen Leben, mit dem Menschsein und den Mysterien des Lebens.

… müssen meist wiederholt werden, sind ein Prozess oder beschäftigen sich damit, sich eine Gewohnheit anzutrainieren oder abzugewöhnen.

… verleihen dem Leben langfristig mehr Tiefe.

… helfen dabei, zu dem Menschen zu werden, den Gott im Sinn hatte, als er uns erschuf.

2. Einiges kommt dir vielleicht bekannt vor. Das ist Absicht!

Wir leben im Informationszeitalter, was unter anderem bedeutet, dass das menschliche Wissen exponentiell wächst. Es ist zwar löblich, dass wir uns danach sehnen, Neues zu lernen, aber in der Bibel werden wir auch ermahnt, die alten Wahrheiten nicht zu vergessen. Geistlich gesehen ist es möglich, die Art von Mensch zu sein, die „immerzu etwas Neues hören wollen und doch unfähig sind, jemals die Wahrheit zu erkennen" (2. Timotheus 3,7; GNÜ), um es mit den Worten von Paulus zu sagen.

Ich bin da vermutlich genau wie du. Wenn ich ein neues Buch lese oder einem Redner zuhöre, denke ich unbewusst: *Erzähl mir was Neues, Interessantes. Erzähl mir eine faszinierende Geschichte oder eine lebensverändernde Wahrheit, die ich noch nie gehört oder noch nie verstanden habe.* (Glaube mir, als Vollzeitautor und Gelegenheitsredner stehe ich unter dem enormen Druck, innovativ und kreativ zu sein. Jeder Kommunikator möchte seinem Publikum irgendeine clevere Erkenntnis vermitteln, auf die noch nie jemand gekommen ist.)

Aber ich erinnere mich an Salomos scharfsinnige Feststellung, dass es „nichts Neues unter der Sonne" gibt (Prediger

1,9). Und ich denke da auch an die klugen Worte des englischen Gelehrten und Dichters Samuel Johnson: „Man muss die Menschen mehr erinnern, als sie zu lehren." Oder vielleicht ist es ja so, wie ein alter Prediger einmal sagte, dass die Bibel nur aus etwa acht Hauptgedanken besteht, die Gott ständig wiederholt.[5]

Wir müssen erinnert werden – das ist zumindest *meine* Erfahrung. Und ich bin mir sicher, dass ich da nicht der Einzige bin. Wir alle müssen regelmäßig erinnert werden, weil wir ganz groß im Vergessen sind!

Wenn es mir gelingt, auf den Seiten dieses Buches klar verständlich und kreativ *sowohl* hilfreiche neue Dinge zu vermitteln als auch an wichtige alte Wahrheiten zu erinnern, wurden meine Gebete erhört.

Lifehack Nr. 1

Wo fängt man mit den Hacks an?

Wenn du den Filmklassiker *Die Braut des Prinzen* kennst, dann erinnerst du dich wahrscheinlich daran, dass Bösewicht Vizzini in einer Situation immer „Unvorstellbar!" sagt. Und du erinnerst dich vielleicht auch an die Antwort des geschickten Fechters Inigo Montoya: „Das sagst du aber oft. Ich glaube nicht, dass wir dasselbe darunter verstehen."

Das Gleiche hätte Inigo auch über unseren Gebrauch des Wortes „Herz" sagen können. Wir werfen mit diesem Wort um uns wie Politiker im Wahlkampf mit Versprechen. Auf Facebook lesen wir ständig, dass irgendjemandem das *Herz gebrochen* wurde. Wir entschließen uns *schweren Herzens* zu etwas. Wir beklagen die Beziehungsprobleme unserer Nachbarn und sagen: „Sie liebt ihn *von ganzem Herzen*, aber er ist so *kaltherzig.*"

Auch in allen möglichen Songs geht es immer wieder um das Herz. Die *Bee Gees* beklagen, dass man ein *gebrochenes Herz* nicht heilen kann („How can you mend a broken heart?"), und der große Tony Bennett sang schmachtend, dass er sein *Herz in San Francisco gelassen* habe. (Vielleicht wird man dadurch *herzlos?*)

Irgendjemand – hoffentlich kein Herzchirurg – verkündete: „Der Weg zum Herzen eines Mannes führt über seinen Magen." Und dann kann man sein Herz noch *öffnen, ausschütten* und *auf der Zunge tragen*. (Vielleicht erklärt das ein wenig, wie Herzen *gebrochen* und *hart* werden.)

Du verstehst schon, was ich meine. In unserer Kultur spricht man viel über das „Herz". Aber bedeutet dieses Wort auch wirklich das, was wir darunter verstehen?

In der Bibel ist rund eintausend Mal vom Herz die Rede.[1] In den meisten Fällen hat das Wort eine metaphorische Bedeutung. Laut Bibel ist unser Herz unser unsichtbares, immaterielles Innerstes – manche würden es auch als Seele oder menschlichen Geist bezeichnen. Das Herz ist in diesem Kontext eine Ansammlung nicht greifbarer Dinge – Persönlichkeit, Vorlieben, Abneigungen, Überzeugungen, Wünsche und so weiter –, die jeden von uns einzigartig machen.

Für die Bibel ist das Herz daher in mindestens dreifacher Hinsicht sowohl die Quelle als auch die treibende Kraft unserer reichen und zugleich sonderbaren Menschlichkeit.

Zuerst einmal ist das Herz der Ort unseres *Fühlens* (Psalm 34,19, Sprüche 15,13, Römer 9,2). Das *Herz* ist der Ort, an dem wir angenehme Gefühle wie Liebe und Euphorie erleben, wo wir auf gesunde Weise schmerzhafte Erfahrungen verarbeiten (oder sie auf ungesunde Weise vergraben). Heimweh, Bedauern, Traurigkeit, alte Verletzungen und schöne Erinnerungen – alle diese Dinge sind in unserem Herz verwurzelt.

Außerdem ist das Herz der Ort, an dem wir – laut Bibel – *denken* (1. Könige 3,9, Sprüche 15,14 u. 23,7). Vielleicht wendest du jetzt ein: „Moment mal, verwechselst du da nicht das Herz mit dem Verstand?" Nein, tue ich nicht. Die Juden unterschieden im Altertum nicht so klar zwischen Herz und Verstand, wie wir es in unserer modernen westlichen Kultur heutzutage tun.

Wenn man eine Umfrage machen würde, würden die meisten Menschen wohl sagen: „Mit ‚Verstand' ist unsere analytische Seite gemeint, während unser ‚Herz' der Sitz unserer Emotionen ist." Wenn man ein wenig nachbohren würde, kämen als Antworten zum Beispiel folgende Gegensatzpaare heraus:

VERSTAND	HERZ
berechnend	*impulsiv*
verantwortungsvoll	*risikobereit*
Logik	*Liebe*
ein wissenschaftliches Buch	*ein Liebesroman*
Algebra II	*Kunst*
konkret	*abstrakt*
nüchtern	*sentimental*
rational	*irrational*
naturwissenschaftlicher Abschluss	*geisteswissenschaftlicher Abschluss*

So denken wir heute. Aber in der Bibel findet man diese klare Unterscheidung zwischen Herz und Verstand nicht, denn in den altertümlichen Kulturen des Nahen Ostens waren die intellektuelle und die emotionale Seite nicht so klar voneinander getrennt; die Grenzen waren fließend, und beides überlagerte sich. (Das erklärt zweifellos, weshalb die Verfasser der biblischen Bücher die Begriffe „Herz" und „Verstand" oft synonym verwendeten.)

Damit will ich sagen, dass dein Herz, biblisch betrachtet, nicht einfach der Teil von dir ist, der fühlt. Es ist auch der

Teil, der analysiert und abwägt. In deinem Herzen triffst du Unterscheidungen, durchdenkst Dinge und ringst mit verschiedenen Sachverhalten. Deine ganz persönlichen Einstellungen und Ansichten, deine individuellen Werte und Glaubensüberzeugungen sind alle in deinem Herzen verwurzelt.

Und drittens ist das Herz laut Bibel der Ort, an dem wir *Entscheidungen* treffen (5. Mose 30,10, Sprüche 5,12, Apostelgeschichte 11,23). Dein Herz ist demnach der Ort, an dem du beschließt, eine bestimmte Richtung einzuschlagen oder dieser Aktivität nachzugehen und nicht einer anderen. Absichten, Bereitwilligkeit, Bestrebungen und Ziele sind in deinem Herzen verwurzelt.

Das erklärt, weshalb das Herz in der Bibel ein so gigantisches Thema ist. Es ist der Kern unseres Selbst, unseres Fühlens, unseres Denkens und unseres Entscheidens. Es ist die Kommandozentrale und das Kontrollzentrum unseres Lebens. Kein Wunder, dass der weise König Salomo sagte: „Vor allem aber behüte dein Herz, denn dein Herz beeinflusst dein ganzes Leben" (Sprüche 4,23; NL).

Warum soll unser Herz oberste Priorität haben? Weil der Zustand unseres Herzens die Richtung unseres Lebens bestimmt, wie Salomo richtig feststellte.

Jesus drückte es so aus: „Wenn ein guter Mensch spricht, zeigt sich, was er Gutes in seinem Herzen trägt. Doch ein Mensch mit einem bösen Herzen kann auch nur Böses von sich geben. Denn wovon das Herz erfüllt ist, das spricht der Mund aus!" (Lukas 6,45). Mit anderen Worten: Wenn unser Herz nicht in Ordnung ist, wird in unserem Leben auch sonst nichts in Ordnung sein.

Die kleinen Ärgernisse des Alltags lassen sich oft schnell beheben: An der Rückseite deines Schreibtischs hängen eine Unmenge Kabel herunter? Das kannst du mit ein paar Kabelbindern leicht in den Griff bekommen.

Aber was ist, wenn deine Probleme kniffliger sind? Zum Beispiel, wenn ...

- ... du merkst, dass du sehr reizbar geworden bist. (Kleinigkeiten, die dich normalerweise nicht stören, bringen dich plötzlich dazu, die Kinder anzuschnauzen und deinen Kollegen schnippische Antworten zu geben.)
- ... du deinen Glauben verlierst.
- ... dein bester Freund/deine beste Freundin anruft und ganz schlechte Nachrichten hat.
- ... du nur ein paar Minuten auf Facebook, Instagram und Co. verbringst und schon kritisierst, neidisch, wütend oder völlig geknickt bist? Oder von allem etwas?
- ... du merkst, dass du dich aus Beziehungen zurückziehst, die dir einmal ganz wichtig waren.
- ... deine Kollegen dich wahnsinnig machen.

In solchen Fällen helfen dir ein Kleiderbügel und ein alter, leerer Milchkrug nicht weiter. Du musst an die Wurzel des Problems gehen. Du musst in deinem Herzen anfangen.

Nehmen wir einmal an, du schaust in dich hinein und stellst fest, dass dein Inneres völlig aus dem Gleichgewicht ist. Was dann? Musst du dann ohne Gottes Hilfe den richtigen Hack dafür finden?

Unvorstellbar!

Lifehack Nr. 2

Wenn du dich geistlich nicht so entwickelst, wie du dir das wünschst

Bevor wir uns kopfüber in die Lifehacks für das geistliche Leben stürzen, sollte ich dir wahrscheinlich kurz meine eigene Geschichte mit Gott erzählen.

Ich stamme aus dem tiefen Süden der USA, aus der Gegend, die Flannery O'Connor einmal als „wenig Christus-zentriert, aber ganz sicher von Christus heimgesucht"[1] bezeichnet hat. Ich wuchs mit einer Flut von Predigten über die Hölle und den Heiligen Geist auf und wurde definitiv von Christus heimgesucht.

Als Kind bat ich Jesus fast jeden Tag, „in mein Leben zu kommen". Meine Familie ging jeden Sonntag in die Kirche, wo ich pflichtbewusst meinen „Zehnten" gab (zehn Prozent von meinem wöchentlichen Taschengeld von 25 Cent).[2] Mit sieben wurde ich zum ersten Mal getauft und mit zwölf zum zweiten Mal. An meine Teenagerjahre kann ich mich nur schemenhaft erinnern. Sie waren ein Durcheinander aus Hausaufgaben und Sport, Hormonen und Schuldgefühlen, und dazwischen habe ich alle zwei bis drei Monate mein Leben wieder neu „Jesus Christus übergeben".

Während meines ersten Semesters an der Uni passierte

etwas Unerwartetes und Mysteriöses mit mir. Ich nahm gerade an einer Wochenendfreizeit teil, als Gott mich sanft aus einem tiefen Schlaf weckte und mich auf eine lange Reise einlud.

Ich sprudelte nur so vor Aufregung und geistlicher Neugier und fing an, so häufig in irgendwelche Bibelgruppen zu gehen wie die meisten anderen Studenten in Kneipen. Ich ging auf Missionseinsätze. Ich begann, mit Fremden über den Glauben zu sprechen. Ich lehrte sogar im Rahmen einer christlichen Studentenarbeit über die Grundlagen des christlichen Glaubens. (In meiner „freien Zeit" machte ich auch irgendwie noch einen Abschluss in Journalismus.)

Nach meinem Abschluss wurde ich der unfähigste Jugendpastor der Welt. (Es grenzt an ein Wunder, dass mich in diesen drei Jahren niemand wegen Amtsanmaßung angezeigt hat.) Ich zog nach Texas und machte einen Abschluss in Theologie. Ich heiratete eine bewundernswerte Frau und half mit, eine Zeitschrift herauszubringen, die Teenager zum Bibellesen einladen sollte. In den nächsten vierundzwanzig Jahren zog ich dann zwei Söhne groß, war Pastor von zwei Gemeinden und schrieb sehr viel über Gott und Glaube, die Bibel und das Leben. Während dieser völlig unterschiedlichen Lebensabschnitte erlebte ich immer wieder Momente, in denen Gottes Gegenwart und seine Liebe für mich schier greifbar waren. Aber ich erlebte auch viele andere Phasen, in denen Gott mir eher wie jemand vorkam, den ich mir ausgedacht hatte.

Wenn ich auf meine seltsame geistliche Reise zurückschaue, bin ich dankbar, aber ich habe auch viele Fragen: Warum ist mein Glaube nach über vier Jahrzehnten nicht viel tiefer? Warum erlebe ich nicht das Maß an Freude, das mir die Bibel verspricht? Warum fällt es mir immer noch schwer, bestimmte Menschen zu lieben? Sollte ich meine Wut und meine Sorgen, meine Unsicherheit und meinen Neid inzwischen nicht besser im Griff haben? Sollte ich nicht schon weiter sein? Warum bin ich Jesus nicht ähnlicher?

Manchmal betrachte ich meinen mangelnden Fortschritt und bin ernsthaft enttäuscht.

Vielleicht geht es dir genauso.

Und wenn ich dir jetzt sage, dass dieses Gefühl – diese geistliche Enttäuschung – nichts *Schlechtes* ist, sondern sogar etwas *Gutes*?

Ich will dir auch sagen, warum: Die Vorsilbe „ent-" bedeutet *„ohne" oder „getrennt von"*. *Enterbt* zu werden bedeutet also, dass deine Eltern (oder deren Anwälte) dir sagen, dass du den Rest deines Lebens *ohne* das Geld von der Familie planen solltest (kein besonders freudiges Ereignis). *Enthauptet* zu werden bedeutet, dass jemand deinen Kopf vom Rest deines Körpers *trennt* (was in medizinischer Hinsicht nicht gerade empfehlenswert ist).

„Enttäuscht" wiederum bedeutet *„ohne Täuschung"*. Ein enttäuschter Mensch wurde also von unwahren Gedanken und erfundenen Überzeugungen getrennt. Das bedeutet: Wer enttäuscht ist, hat gewissermaßen eine Fahrkarte vom Märchenland zurück in die Realität erhalten.

Und sollten wir uns nicht alle genau darum bemühen?

Christen sitzen am häufigsten der Täuschung auf (vor allem Menschen, die gerade erst zum Glauben gekommen sind), dass es normal sei, dass geistliche Veränderungen durch einzelne, drastische Erlebnisse eintreten. In deiner persönlichen Gebetszeit oder einem besonderen Gottesdienst zum Beispiel, oder während du ein außergewöhnliches christliches Buch liest, auf einer Freizeit oder während einer Konferenz packt Gott dich plötzlich. Du hast ein ekstatisches Erlebnis, das mit Worten nicht zu beschreiben ist. Wenn man dieser Vorstellung von geistlichem Wachstum aufgesessen ist, glaubt man dann auch, dass der eigene Glaube bzw. das eigene geistliche Leben immer tiefer werden, je mehr solcher Erlebnisse man hat.

Diese Vorstellung geht wahrscheinlich auf den Bericht zurück, in dem geschildert wird, wie Saulus auf dem Weg nach Damaskus eine übernatürliche Begegnung mit dem auferstandenen Jesus hat (Apostelgeschichte 9) oder auf Jesajas erschütternde Vision von Gott im Tempel (Jesaja 6). Wir glauben: *SO muss das sein. SO muss Gott regelrecht über mein Leben hereinbrechen. Ein paar SOLCHER Erlebnisse, und alles wäre anders. Meine Gebete hätten plötzlich eine ganz neue Kraft. Ich würde anfangen, ständig echte Wunder zu erleben. Ich wäre auf der Stelle nicht länger egoistisch und überkritisch. Ich wäre in der Lage, alles und jeden zu lieben – vielleicht sogar Katzen und Polka. (Na ja, Katzen vielleicht doch nicht.)*

Bitte vergib mir, wenn ich jetzt ein wenig bissig klinge. Ich würde *niemals* behaupten, dass Gott Menschen nicht auf übernatürliche Weise „packen" und ihr Leben schlagartig, dramatisch verändern kann. *Selbstverständlich* kann er das – und zum Glück *tut* er es auch hin und wieder.[3]

Was ich *allerdings* damit sagen will, ist, dass solche Begebenheiten in der Bibel die Ausnahme und nicht die Regel sind. In der Bibel wird nirgends behauptet, dass wir passiv darauf warten sollen, dass uns „der Blitz trifft" und in unsere Seele einschlägt. Oder mit anderen Worten: Wir irren uns, wenn wir glauben, dass wir nur durch irgendwelche zufälligen, einmaligen Aktivitäten oder Erfahrungen tiefgehende, dauerhafte geistliche Fortschritte machen. Ja, wenn ich mein iPhone in ein leeres Glas stelle – das Schlüsselwort ist hier *leer* –, dann wird die Musik aus den winzigen Lautsprechern plötzlich verstärkt. Doch nein, ich werde Gottes Stimme nicht plötzlich klarer und lauter hören, wenn ich überall im Haus Bibeln verteile. So funktioniert der christliche Glaube nicht.

Wie funktioniert er dann? In einem Brief, den der Apostel Paulus im 1. Jahrhundert an seinen Schützling Timotheus geschrieben hat, finden wir die vermutlich beste Aussage darüber, was mit geistlichen Hacks gemeint ist. Paulus gibt Timotheus einige praktische Ratschläge, wie er in einem gottlosen Umfeld seinen Glauben leben kann, und dann ermahnt der kluge alte Apostel ihn: „… übe dich darin, ein Leben nach Gottes Willen zu führen" (1. Timotheus 4,7).

Und das ist das Faszinierende an dieser Anweisung: Das griechische Wort, das hier mit *„üben"* übersetzt wird, ist auch die Wurzel des Wortes *„Gymnastik"*. Timotheus hat also beim Lesen des Briefes sofort an Sport und Training gedacht!

Und das Wort „trainieren" stinkt förmlich nach Schweiß. Es klingt nach vielen Anstrengungen und harter Arbeit. Denk einfach an ein Fitnessstudio – überall lautes Stöhnen, das Geräusch der zusammenschlagenden Gewichte, keuchende Sportler, die sich gegenseitig Ermutigungen zurufen.

Und weißt du was? Diese Sportler geben sich nicht der Täuschung hin, sie könnten einen Tag lang extra hart trainieren und sich dann den Rest der Saison ausruhen. Nein, sie kommen morgen und übermorgen und überübermorgen wieder. In dem Wort „trainieren" schwingt nämlich auch etwas *Gewohnheitsmäßiges* mit. Sportler kommen *immer wieder* zum Training – nicht ab und zu mal, sondern *regelmäßig*. Nur so baut man Muskeln auf und bekommt Ausdauer, und nur so behält man beides auch bei. Warum wirft der erfolgreiche Basketballspieler *jeden Tag* nach dem Training noch eine Stunde lang Körbe? Damit er in einem wichtigen Spiel – wenn es eng wird und nur noch eine Sekunde Spielzeit übrig ist – zuversichtlich an die Freiwurflinie treten und den entscheidenden Punkt machen kann.

Sportler trainieren *ständig*, um irgendwann ihr volles Potenzial zu erreichen. Und Paulus sagt, dass Christen das auch tun müssen. Es stimmt zwar, dass nur Gott wirklich unser Herz verändern kann, aber wir müssen auch unseren Beitrag dazu leisten. Wir sollen „an unserer Rettung arbeiten", während Gott in uns wirkt (nach Philipper 2,12–13). Jesus ähnlich zu werden und ein Leben zu führen, das im Einklang ist mit Gottes Willen – beides passiert nicht blitzartig. Natürlich sind wir auch darauf angewiesen, dass Gott diese Veränderung bewirkt, aber ein verändertes Leben erfordert auch Arbeit und Anstrengung von unserer Seite. Wir dürfen nicht passiv sein; wir müssen immer wieder auftauchen und mitmachen. Wer etwas anderes glaubt, sitzt einer *Täuschung* auf.

Christen bezeichnen diese Art des geistlichen Trainings oft als geistliche Disziplinen oder geistliche Übungen. Wir können sie auch „heilige Gewohnheiten" nennen oder sogar Herzenshacks. Wie wir sie nennen, spielt keine Rolle. Wichtig ist nur, dass wir sie regelmäßig und beständig praktizieren – wie die Profigolfer, die vor und nach jedem Schlag oder Putt zig Probeschläge machen. Wenn uns diese Aktivitäten – oder Hacks – in Fleisch und Blut übergegangen und Bestandteil unseres Lebensstils geworden sind, dann werden wir bei uns ein langsames, stetiges geistliches Wachstum feststellen. Um es noch einmal zu sagen: Wenn wir diese geistlichen Übungen nur alle Schaltjahre mal praktizieren und dann erwarten, uns geistlich weiterzuentwickeln, sind wir auf dem Holzweg.

Geistliche Hacks erfordern zwar Beständigkeit, aber sie sind wenigstens nicht kompliziert. Dazu sind keine Engel oder himmlischen Visionen nötig. Du brauchst auch keinen theologischen Abschluss oder jede Menge „geistliches Werkzeug", und du musst auch ganz bestimmt weder Mönch noch Mystiker sein. Stell dir Herzenshacks einfach als kreative, aber doch unkomplizierte Methoden vor, wie du deine Seele oder dein Herz zu Gott hin lenken kannst. Du kannst die Hacks überall und jederzeit anwenden. Allerdings gibt es keine Methoden – und das müssen wir auch begreifen –, wie wir uns Gottes Gunst erarbeiten können. Wir wenden diese Hacks also nicht an, um Gott irgendwie zu beeindrucken. Wir wenden sie an, um *bei* Gott zu sein, in der Hoffnung, dass wir dann eines Tages *wie* er sein werden.

Wenn du der Täuschung aufgesessen warst, dass du blitzartig so leben kannst, wie es Gott gefällt, oder dass du schlagartig wie Jesus sein kannst, wenn du nur das richtige Gebet sprichst, auf einer Konferenz ein eindrückliches Erlebnis hast oder den perfekten Gottesdienst besuchst – oder wenn du immer dachtest, du müsstest nur genug Bibelabende besuchen, um im Glauben zu wachsen –, dann werde ich dich jetzt enttäuschen müssen. Paulus weist Timotheus (und uns) an: „… übe dich darin, ein Leben nach Gottes Willen zu führen".

In den folgenden Kapiteln werde ich dir ein paar ungewöhnliche geistliche Hacks vorstellen (oder dich daran erinnern). Manche wirst du vielleicht auch abgedreht finden. Mit etwas Anstrengung und viel Hilfe von oben können diese kleinen Aktivitäten aber zu heiligen Gewohnheiten werden. Und dann haben sie die Kraft, dein Herz zu verändern, weil du dann ständig offen bist für Gottes verändernde Gegenwart.

Hast du Lust mitzumachen? Was hast du außer ein paar nutzlosen Illusionen schon zu verlieren?

Lifehack Nr. 3

Wenn du in eine Welt voller Probleme aufbrichst

Frag doch mal ein paar Lifehacker, was ihr nützlichstes Werkzeug ist. Wahrscheinlich werden die meisten von ihnen antworten: „Klebeband."

Gott segne das Klebeband![1] Es ist eines der besten Geschenke unseres allmächtigen Gottes und eine der größten Erfindungen der Menschheit. Klebeband – oder genauer: Duck Tape bzw. Panzerband – wurde im Zweiten Weltkrieg entwickelt und ursprünglich dazu verwendet, Munitionskisten abzudichten. Seither hat es sich in allen möglichen Lebenslagen als nützlich erwiesen. Mit Klebeband kann man blitzschnell Schläuche, Zelte und sogar Kanus abdichten. Bei so manchem „Hochzeits-Notfall" kann man damit den Hosenaufschlag fixieren, oder man kann es sich um die Hand wickeln – mit der Klebeseite nach außen – und es als Fusselrolle verwenden. Du hast Angst, dass jemand bei einem großen Event über die Stromkabel stolpert? Du hast eine Warze, die in einer Woche weg sein muss?[2] Kennst Astronauten, die unterwegs zum Mond sind und in Gefahr geraten?[3] Es gibt keine Probleme, die man mit Klebeband nicht lösen könnte.

Je älter ich werde, desto mehr bin ich davon überzeugt, dass es in der Bibel ein unterschätztes Ein-Wort-Gebet gibt, das das Klebeband unseres geistlichen Lebens ist.

Es ist der Ruf „Hosanna!". Er kommt nur in den Evangelien vor, und zwar in den Berichten über den Tag, den wir als Palmsonntag bezeichnen, als Jesus nach Jerusalem kommt (Matthäus 21,9+15, Markus 11,9–10, Johannes 12,13). Wieder und wieder ruft hier die ungestüme, aufgeregte Menschenmenge Jesus dieses Wort zu. *„Hosanna"* geht auf ein hebräisches Verb zurück, das in Psalm 118,25 steht und so viel bedeutet wie „Wir bitten dich, rette uns!".

Das Thema „Errettung" nimmt in der Bibel ungefähr so viel Raum ein wie das Thema „Einkommen" im Steuergesetz – es taucht überall auf. In der „Hoffnung für alle"-Übersetzung finden sich die Begriffe „retten", „Rettung", „Retter", „errettet" oder „Erretter" 585 Mal!

Im weitesten Sinne bedeutet „errettet" gerettet oder befreit werden. Daher ist die Rettung, die in der Bibel erbeten oder die gefeiert wird, oft gar nicht geistlicher Natur, sondern meint die Befreiung von körperlichen Bedrohungen: Krankheiten, Katastrophen oder vom Feind besiegt zu werden.

Aber in der Bibel wird ebenfalls ganz klar gemacht: Unser Bedürfnis, gerettet zu werden, reicht weit über irdische Notlagen hinaus. Wir müssen für die Ewigkeit gerettet werden. Wir brauchen die Rettung vom größten Problem überhaupt: unserer Rebellion gegen Gott.

Im 3. Kapitel von 1. Mose wird der Ursprung des größten menschlichen Dilemmas beschrieben: Der erste Mann und die erste Frau waren irgendwann so stolz, dass sie sich von dem Einen abwandten, der ihnen das Leben geschenkt hatte und dafür sorgte, dass sie auch am Leben blieben. Als sie das taten, stürzten sie die Welt ins Chaos und vererbten ihre fehlerhaften Gene und ihr rebellisches Wesen an ihre Kinder und Kindeskinder weiter. Wir alle sind davon betroffen oder befallen oder infiziert. Und ganz gleich, welchen biblischen Vergleich wir dafür wählen – verirrte Schafe, ungehorsame Kinder, Feinde Gottes, wandelnde Tote (Jesaja 53,6, Lukas 15,11–31, Römer 5,10, Epheser 2,1–2) –, die Tatsache bleibt bestehen, dass wir errettet werden müssen.

In den Evangelien wird uns Jesus als dieser Retter präsentiert. Schon sein Name bedeutet „Der Herr rettet" (Matthäus 1,21). Er selbst beschrieb seinen Auftrag so: „Der Menschensohn ist gekommen, Verlorene zu suchen und zu retten" (Lukas 19,10).

Du fragst dich vielleicht: *Warum wiederholt er diese Grundlagen der Guten Nachricht? Weiß ich doch alles schon. Warum macht er so einen Aufstand um das Wort „Hosanna"?* Weil wir nur zu oft vergessen, wie umfassend und wunderbar die Errettung durch Jesus ist.

Neulich kamen meine Frau und ich mit unserer Freundin Jessica ins Gespräch. Es fing mit Textnachrichten an und entwickelte sich dann zu einem lebhaften Telefonat. Wir sprachen über den Glauben, vor allem über die Zeit, als wir noch neu im Glauben waren – oder wie die Christen hier im „Bible Belt" es oft nennen: frisch „erlöst".

Wegen all der berührenden Predigten, die wir gehört, der Kindergebete, die wir gesprochen, und der kraftvollen geistlichen Erlebnisse, die wir gehabt hatten, konnte keiner von uns den genauen Zeitpunkt festlegen. Wir einigten uns schließlich darauf, dass wir das nächste Mal, wenn uns jemand fragte, ob wir errettet seien, antworten würden: „Errettet? Sicher! Ich *wurde* errettet, ich *bin* errettet, und ich *werde* errettet werden."

So wollen wir der umfassenden Art und Weise Rechnung tragen, wie in der Bibel von Gottes großer Errettung gesprochen wird. Der Apostel Paulus spricht in seinem Brief an die Gemeinde in Rom von der sogenannten Rechtfertigung (Römer 3,21–26). Damit ist die unglaubliche Tatsache gemeint, dass Gott Sünder gerecht spricht, wenn sie ihr Vertrauen auf Jesus Christus setzen.[4] Aber dass wir für unsere Schuld nicht länger bestraft werden, ist nicht das Ende der Geschichte, sondern erst der Anfang von Gottes allumfassender Erlösung!

In der Bibel wird auch ausführlich über Heiligung gesprochen (z. B. in Johannes 17,17 und Hebräer 10,14). Dieses Wort geht auf ein Verb zurück, das so viel bedeutet wie „für heilige Zwecke absondern, weihen". Es geht hier darum, dass Gott uns im täglichen Leben vor der Macht der Sünde bewahrt. Heiligung ist das, was Christen meinen, wenn sie von „geistlichem Wachstum", „wachsen im Glauben", „heilig leben" oder „an unserer Errettung arbeiten" sprechen (2. Petrus 3,18, 1. Korinther 14,20, 1. Petrus 1,15, Philipper 2,12–13). In Wirklichkeit ist Heiligung also ein chaotischer, lebenslanger Prozess, bei dem wir versuchen, unsere rebellischen Herzen dazu zu kriegen, mit dem Heiligen Geist zu kooperieren, damit wir Jesus allmählich ähnlicher werden (Philipper 1,6, Galater 5,16–26). Praktisch ausgedrückt bedeutet Heiligung, dass Gott uns täglich von falschen Gedanken, sündigem

Verlangen, schlechten Situationen und alten, schädlichen Gewohnheiten errettet.

Und dann ist da noch die *Verherrlichung* – der Höhepunkt von Gottes großartiger Erlösung. Die Verherrlichung bezieht sich auf jenen Tag, an dem die Gläubigen nicht nur von der Bestrafung für die Sünde und ihrer Macht, sondern schließlich auch von der Gegenwart der Sünde befreit werden. In unserem zukünftigen Leben werden wir Gott in seiner ganzen Herrlichkeit von Angesicht zu Angesicht sehen. Und als wiederhergestellte Ebenbilder Gottes werden wir seine strahlende Herrlichkeit für immer widerspiegeln (Römer 8,29–30, 2. Korinther 3,18, Philipper 3,21, 2. Timotheus 2,10, 1. Johannes 3,2).

Alle diese tiefen Wahrheiten machen das Ein-Wort-Gebet „Hosanna!" zu einem großartigen geistlichen Hack. Es wäre nicht nur schlau, immer eine Rolle Klebeband griffbereit zu haben, sondern auch ausgesprochen klug, uns die Taschen mit „Hosannas" vollzustopfen, bevor wir das Haus verlassen. Seien wir doch mal ehrlich: Wer muss nicht jeden Tag aus hundert kniffligen Situationen errettet werden?

Zum Beispiel die unlogische Sorge wegen einer bestimmten Sache, die lähmende Angst vor einer Situation. Eine ungesunde Beziehung, eine schädliche Angewohnheit. Der aufbrausende Zorn, die negative Grundhaltung, die verlockende Sünde. Die fesselnde Sucht, das tiefe Loch der Depression, das Gefängnis der Scham. Die rätselhafte Krankheit und die Krise auf der Arbeit ... Wir könnten die Liste ewig fortführen.

Gott kann uns vor all diesen Dingen retten. Und das will er auch tun. Warum sonst hätte er seinen Sohn geschickt, damit er für uns stirbt, und seinen Heiligen Geist, der in uns lebt? Die Errettung beschränkt sich eben nicht auf eine einzelne geistliche Erfahrung, die wir mal in der Vergangenheit gemacht haben. Und sie verspricht uns nicht nur den Himmel, wenn wir irgendwann mal sterben. Sie bietet uns auch Hoffnung und Kraft für das Hier und Jetzt.

Hören wir also auf, Errettung nur als Ereignis der Vergangenheit oder Zukunft zu sehen. Gott kann uns auch heute retten – und zwar ganz praktisch. Ganz egal, ob du das Wort flüsterst oder schreist: Wenn du Jesus „Hosanna!" zurufst, bekennst du damit zwei Dinge: 1. *Ich bin ein Chaot, dessen Leben gerade im Chaos versinkt* und 2. *Ich glaube, dass du mich retten kannst*.

Willst du ein Spitzen-Hacker werden? Dann tu einfach diese beiden Dinge: 1. Leg dir eine Rolle Klebeband ins Handschuhfach und 2. nimm das Wort „Hosanna" in dein geistliches Vokabular auf, und benutze es bis zum Umfallen.

Lifehack Nr. 4

Wenn du das Gefühl hast, dass Gott in deinem Leben nicht am Werk ist

Die meisten Kinder wissen nicht einmal, was sie mittags essen wollen, aber nachdem Richie die Zeichentrickfilme *Toy Story* und *König der Löwen* gesehen hatte, wusste er genau, was er mit seinem Leben anfangen wollte. Als ihm klar wurde, dass er Gott ehren, anderen und sich selbst Freude bereiten konnte, indem er Filme drehte, machte Richie sich an die Arbeit. Er fing an, mit seinen jüngeren Geschwistern lustige Videos zu drehen. Auf der Uni machte er dann später seinen Abschluss im Bereich 3D-Animation.

Mit dem Abschluss in der Hand und einer Million Ideen im Kopf war Richie bereit, Hollywood im Sturm zu erobern. Er fing an, seinen Lebenslauf wie Konfetti zu streuen.

Was geschah?

Nichts.

Aber Richie ließ sich nicht beirren. Jeden Abend durchforstete er das Internet nach neuen Stellenangeboten. Um seine Rechnungen bezahlen zu können, nahm er einen Job im örtlichen Golfklub an und mähte täglich von fünf Uhr morgens bis drei Uhr mittags den Rasen. Jeden Nachmittag – nach zehn Stunden Arbeit – spielte er mit seinem Großvater ein paar Löcher, und sie beteten gemeinsam dafür, dass Gott ihm eine Tür öffnen würde. Nach monatelangem Mähen, Beten, Bewerben und Warten ... Mähen, Beten, Bewerben und Warten ...

... war nur das Zirpen der Grillen zu hören (leider aber ohne jegliche Verbindung zu Jiminy, der berühmtesten Zeichentrick-Grille der Welt).

Fragst du dich auch manchmal, was in aller Welt Gott eigentlich tut? Hand aufs Herz! Fragst du dich in deinen dunkelsten Stunden nicht auch hin und wieder, ob er überhaupt irgendwas tut? Du steckst in Schwierigkeiten. Du bombardierst den Himmel regelrecht mit allen möglichen unausgegorenen, verzweifelten Gebeten und flehst Gott ununterbrochen an, einzugreifen, zu helfen, dir Erleichterung zu schenken – *irgendwas* zu tun. Egal, was.

Doch nichts tut sich.

Was sollen wir tun, wenn es keine sichtbaren Zeichen dafür gibt, dass Gott in unserem Leben wirkt?

Ich will es dir sagen. Ich denke da an einen kurzen Abschnitt am Anfang von 2. Mose.[1] Die meisten Menschen übersehen diese Verse, weil sie es eilig haben und endlich zu der wesentlich spannenderen Geschichte kommen wollen, wie Gott Mose aus dem brennenden Dornbusch zuruft, er solle nach Ägypten zurückgehen und die Israeliten in die Freiheit führen.

Das ist ein großer Fehler.

Das hier ist der Abschnitt, den wir allzu oft nur überfliegen:

Viele Jahre später starb der König von Ägypten. Aber die Israeliten stöhnten weiter unter der Zwangsarbeit und schrien verzweifelt um Hilfe. Gott war das alles nicht entgangen. Er hörte ihr Klagen und dachte an den Bund, den er einst mit Abraham, Isaak und Jakob geschlossen hatte. Ja, Gott hatte die Israeliten nicht vergessen; er wusste, was zu tun war: Mose hütete damals die Schafe und Ziegen seines Schwiegervaters Jitro, des Priesters von Midian. Eines Tages trieb er die Herde von der Steppe hinauf in die Berge und kam zum Horeb, dem Berg Gottes. 2. Mose 2,23 – 3,1

Ich liebe diesen Bibelabschnitt. Ich stelle mir dann immer vor, wie die versklavten Israeliten während dieser „vielen Jahre" nur die trübe Realität vor Augen sehen konnten: die Brutalität ihrer ägyptischen Unterdrücker, die Hoffnungslosigkeit in den Gesichtern ihrer Kinder, die Tatsache, dass trotz ihrer verzweifelten, flehentlichen Gebete[2] keine Besserung in Sicht war.

Natürlich konnten sie nicht in den Himmel schauen. Sie konnten nicht sehen, dass Gott besorgt auf sie heruntersaute. Sie konnten nicht sehen, dass Gott ihren Schmerz sehr wohl sah, dass er in der Tat einen Plan schmiedete, um sie zu retten. Sie wussten nicht, dass einmal der Tag kommen würde, an dem Mose wieder in Ägypten auftauchen, dem Pharao entgegentreten und sie in die Freiheit führen würde.

Und Mose? Seine Aussichten waren auch nicht besser. Er sah nur, dass seine besten Gelegenheiten hinter ihm lagen. Vor langer Zeit, in einer anderen Welt, hatte er einen ungeschickten Versuch unternommen, sein Volk zu retten, und musste dann mit eingezogenem Schwanz aus Ägypten flüchten. Deshalb hatte Mose sich damit abgefunden, ein Leben im Verborgenen zu führen und dumme Schafe in der Wüste im Kreis herumzutreiben. Er konnte den brennenden Dornbusch noch nicht sehen und nicht wissen, dass die letzten Jahre seines Lebens bei Weitem seine besten sein würden.

In der Geschichte von Mose geht es vor allem darum, wie Gott die Israeliten errettete, um dann irgendwann der ganzen Welt die endgültige Rettung zu bringen. Aber wir können von dieser Geschichte auch eine kleinere Lektion lernen: *Wir können die guten Dinge, die Gott vorhat, nicht immer sehen.*

Jesus machte es ganz deutlich: Gott ist *immer* am Werk (Johannes 5,17). Könnte es nicht sein, dass unser ewiger Gott jederzeit unzählige Projekte am Laufen hat?

Unser Problem ist, dass wir uns glücklich schätzen können, wenn wir nur zwei oder drei der unzähligen Dinge erkennen, die Gott zu jedem beliebigen Zeitpunkt gerade bewirkt.[3] Selbst in diesem Augenblick, während ich diesen Satz schreibe und du ihn liest, sind wir nicht darin eingeweiht, wie Gott gerade Situationen aufeinander abstimmt und die Zeitpläne von Menschen so koordiniert, dass sein Plan Wirklichkeit wird.

So wissen wir zum Beispiel nichts von der Diskussion, die irgendwo in einem weit entfernten Büro stattfindet. Oder von der lebensverändernden E-Mail, die nächsten Mittwoch eintreffen wird. Oder von den scheinbar zufälligen Entscheidungen, die eine nach der anderen im nächsten Sommer eine neue Freundin, einen zukünftigen Ehemann oder einen neuen Geschäftspartner über unseren Weg führen werden. Welcher verängstigte Mensch, der gerade ein finsteres Tal durchquert, kann heute schon sehen, welcher unvorstellbare Segen ihn an seinem Ende erwartet?

Aber nur weil wir diese Dinge nicht *sehen* können oder nichts davon wissen, heißt das nicht, dass sie nicht passieren werden.

Worin liegt hier der Hack? Gibt es überhaupt einen? Darauf kannst du wetten!

Wenn ich wieder einmal nicht sehen kann, was Gott tut, tue ich manchmal so, als hätte ich ein unsichtbares Fernglas in der Hand. Dann halte ich es mir vor die Augen und spähe hinaus in die Welt.

Ich weiß, dass das albern ist, aber diese kindliche Geste erinnert mich daran, dass meine Sicht der Realität sehr begrenzt ist und es im Leben immer so sein wird, als würde man durchs Schlüsselloch oder ein Astloch im Zaun schauen.

Manchmal mache ich mir noch nicht einmal die Mühe, mein tolles Fernglas herauszuholen. Ich starre einfach nur aus dem Fenster vor meinem Schreibtisch. Es zeigt nach Norden, allerdings ist meine Sicht im Westen durch eine große Ligusterhecke begrenzt. Von meinem Schreibtischstuhl aus kann ich genau zweieinhalb Häuser und neunzehn Bäume sehen. Mehr nicht. Diese eingeschränkte Sicht erinnert mich daran, dass Gott jenseits dessen, was ich überblicken kann, auf unzählige Arten am Werk ist.

Aber wieder zurück zu dem kreativen jungen Mann, der Filme drehen wollte ... Als wir ihn verlassen haben, war er damit beschäftigt, zu beten und zu warten. Was wurde aus Richie?

An einem dieser eintönigen Tage, als er – richtig geraten! –

Rasen mähte, vibrierte das Handy in seiner Hosentasche. Der Mitarbeiter eines Filmstudios war dran – und zwar nicht irgendeines Studios, sondern von *DreamWorks*!⁴ Richie wäre fast vom Rasenmähertraktor gefallen.

Die Personalchefs von *DreamWorks* waren äußerst beeindruckt von seinem Lebenslauf und wollten wissen, ob er für ein Vorstellungsgespräch nach Kalifornien fliegen könnte. (Seine Familie meinte später, dass er wahrscheinlich sogar ohne Flugzeug hätte fliegen können.)

Sein Besuch dort hätte nicht besser laufen können. Anschließend war Richie äußerst optimistisch, was seine Chancen anging. So viel zu Kindheitsträumen, die wahr werden.

Aber einige Tage vergingen.

Dann noch einige.

Richie hörte nichts mehr – kein Wort.

Bis zu jenem unvergesslichen Nachmittag, an dem er mit seinem Großvater wieder sein übliches „Golf & Gebet"-Ritual praktizierte. Richies Handy vibrierte erneut. Es war *DreamWorks*, die ihm einen Job in der Filmanimation anboten!

Wenig später saßen Richie und sein Großvater im Golfcaddy und weinten vor Freude.

Vor Kurzem habe ich an einem Samstagnachmittag den Fernseher eingeschaltet und konnte dort gerade noch das Ende von *Cast Away – Verschollen* sehen, dem Film mit Tom Hanks in der Hauptrolle. Er spielt darin den FedEx-Mitarbeiter Chuck Noland, der bei einem Flugzeugabsturz ganz allein auf einer einsamen Insel strandet und dort *vier Jahre* überlebt.

Als eines Tages (Achtung, nicht weiterlesen, wenn du den Film noch nicht kennst!) ein großes Teil von einem Toilettenhäuschen angeschwemmt wird, kommt dem verzweifelten Chuck eine Idee. Er baut sich daraus ein notdürftiges Floß mit dem Fiberglasteil als Segel. Nach einer qualvollen Reise erreicht er schließlich die Schifffahrtsrouten und wird von einem Containerschiff entdeckt und gerettet. Als er wieder in Memphis ist, muss er zu seiner Bestürzung erfahren, dass seine Verlobte inzwischen einen anderen geheiratet hat. Chuck steht vor der Herausforderung, sich ein ganz neues Leben aufzubauen, und erklärt einem Freund – und sich selbst – bedrückt, was er jetzt tun muss: „Ich werde weiteratmen – weil morgen die Sonne wieder aufgeht, und wer weiß, was die Flut bringt?!"

Das ist es. Wenn wir das Gefühl haben, dass Gott in unserem Leben nicht am Werk ist, dann besteht der Hack darin, dass wir wieder durch unser Astloch spähen und weiteratmen. Noch einmal den Rasen mähen. Noch eine Bewerbung abgeben. Noch einmal den Strand absuchen. Weiter beten, weiter warten und weiter vertrauen. Darauf vertrauen, dass Gott jenseits unseres ärmlichen, imaginären Fernglases die Dinge irgendwie ins Rollen bringt.

Alle Dinge.

Er benutzt die Meeresströmungen genauso wie die gewöhnlichen Hecken unseres Lebens. Er wirkt durch die Gebete von Großvätern und durch ängstliche, zögernde Leiter. Nichts, noch nicht einmal eine langsame Personalabteilung, kann sich seinem Willen widersetzen. Genau im richtigen Moment – meistens, wenn wir am wenigsten damit rechnen – *wird* das Handy klingeln.

Wer weiß schon, was die Flut bringt?

Lifehack Nr. 5

Wenn du mit Zweifeln kämpfst

Ich kenne eine Frau (nennen wir sie einmal Anne), die kürzlich all ihren Mut zusammengenommen und ihren engsten gläubigen Freunden die unbequeme Wahrheit darüber gestanden hat, wie es in ihr aussieht – dass ihr die Zweifel über den Kopf wachsen.

Ihr Glaube, der einmal vor Leben sprühte und so umwerfend war wie eine Braut an ihrem Hochzeitstag, sieht jetzt so zerschlagen aus wie eine Braut, die ihren Bräutigam vor dem Altar stehen gelassen hat und nun seit 53 Stunden im Bus sitzt und quer durchs Land fährt. Ihr alltägliches Leben und das Gemeindeleben, Gott und das Böse, die Wissenschaft und die Bibel ... Anne weiß nicht mehr, wie sie das alles unter einen Hut bringen soll. Sie weiß nicht mehr, *was* sie glaubt – und manchmal nicht einmal, ob sie überhaupt noch glaubt.

Anne hat dem Glauben nicht bewusst den Rücken gekehrt und ist nicht das, was die Bibel einen Spötter nennen würde. Sie läuft nicht herum und macht den christlichen Glauben schlecht oder versucht, Menschen von Gott abzubringen. In Wahrheit wünscht sie sich so sehr, glauben zu können. Aber es kommen immer wieder beunruhigende Fragen in ihr hoch, auf die es keine einfachen Antworten gibt. Lange hat sie diese Fragen einfach verdrängt, aber das war irgendwann ziemlich ermüdend. Und weil sie sich wie eine Lügnerin vorkam, wenn sie diese Tatsache vor ihren engsten Freunden verbarg, beschloss Anne, aufrichtig zu sein und die ganze Wahrheit herauszulassen.

Annes Freunde waren überrumpelt. Ihre Aufrichtigkeit war ihnen offensichtlich unangenehm, denn sie gingen sofort zum Angriff über. Als Anne versuchte, ihre Lage genauer zu erklären, eskalierte die Situation. Die Freunde, die das biblische Gebot „Kümmert euch liebevoll um alle, die im Glauben unsicher geworden sind" (Judas 22), entweder vergessen hatten oder nicht kannten, begannen, sie anzupredigen. Zehn oder fünfzehn Minuten lang wiesen sie Anne mit hochroten Köpfen und sich überschlagenden Stimmen zurecht und warfen ihr Bibelverse an den Kopf.

Im gleichen Augenblick bereute sie ihre Offenheit. (Später dachte sie, dass ihre Freunde vielleicht etwas mehr Nachsicht gehabt hätten, wenn sie gestanden hätte, einen Laden ausgeraubt zu haben.)

Es heißt, dass 90 Prozent aller Christen Zweifel haben, und die übrigen zehn Prozent trauen sich bloß nicht, ehrlich über ihre Zweifel zu sprechen. Das trifft es ziemlich gut. Eigentlich sind wir zweifelnde Gläubige oder glaubende Zweifler, je nach Tagesform. Für alle (ehrlichen) Christen sind Zweifel ein gelegentliches Problem, und für manche Christen sind Zweifel eine ständige Realität.

Um eines klarzustellen: Bei Zweifeln geht es nicht nur darum, „die Existenz Gottes infrage zu stellen" oder „Bedenken in Bezug auf die Bibel zu haben". Zweifel sind so viel weitreichender als das. Wenn ich nicht wirklich davon überzeugt bin, dass Gott mich liebt, wenn ich bezweifle, dass er aus einer schlimmen Situation etwas Gutes machen kann, wenn ich mir nicht sicher bin, dass er bei mir ist oder für mich sorgen wird – all das sind Beispiele für aufkommende Zweifel.

Natürlich hat jede Sünde ihren Ursprung im Zweifel. Das war schon im Garten Eden so. Darf ich daran erinnern, dass Adam und Eva die verbotene Frucht erst aßen, als ihnen Zweifel an Gottes Motiven kamen? Wir widersetzen uns Gottes Willen, weil wir daran zweifeln, dass er es gut mit uns meint. Natürlich tun wir das, schließlich sind wir die Nachkommen der ersten beiden Zweifler!

Wenn wir Zweifel als „wankenden Glauben an Gott in welcher Situation auch immer" definieren, wer unter uns könnte sich dann nicht als Zweifler bezeichnen? Abraham, der große „Glaubensvater", war auch ein Zweifler. Er hat bekanntermaßen an Gottes Verheißung gezweifelt, ihm Nachkommen zu schenken, und hat deshalb Sarahs unausgegorenem Plan zugestimmt, ersatzweise mit ihrer Magd ein Kind zu zeugen (1. Mose 16). Zweimal zweifelte er daran, dass Gott ihn beschützen könnte oder würde und gab peinlicherweise seine Frau als seine Schwester aus (1. Mose 12,10 – 20, 1. Mose 20).

Davids Glaube stand ebenfalls phasenweise auf schwachen Beinen, und dann warf er Gott gern seine Zweifel an den Kopf (Psalm 13,2, Psalm 22,2).

Sogar Johannes der Täufer, der den Menschenmengen lauthals verkündete, dass Jesus der verheißene Messias war, hatte später seine „Ich weiß nicht recht"-Momente, als er in König Herodes' Gefängnis versauerte (Matthäus 11,1 – 19, Lukas 7,18 – 35). Petrus, der daran zweifelte, dass Gott ihm helfen und ihn retten könnte, leugnete sogar, Jesus zu kennen (Matthäus 26,69–75, Markus 14,66–72, Lukas 22,54–62, Johannes 18,16–18.25–27). Matthäus gab zu, dass manche der Apostel mit Zweifeln zu kämpfen hatten, *als sie dem auferstandenen Jesus Christus Auge in Auge gegenüberstanden* (Matthäus 28,17).

All das ermutigt mich, wenn ich versuche, „den guten Kampf des Glaubens zu kämpfen" (1. Timotheus 6,12). Ich zweifle nicht an der Existenz Gottes oder daran, dass Jesus auf diese Welt kam und all das getan hat, was die Bibel über ihn berichtet. Meine Zweifel sind eher persönlicher Natur: Kann all das wirklich *für mich* wahr sein? Vor allem, wenn ich Gott zum zehnmillionsten Mal von mir gestoßen habe? Auch wenn große Bereiche meines Herzens so unverändert bleiben?

„Einen Hack! Einen Hack!", schreit jeder verzweifelte Zweifler. „Ein Königreich für einen Hack!"

Ich mache es folgendermaßen – und das würde ich dir auch vorschlagen: Wenn dein Glaube auf schwachen Füßen steht und Zweifel in dir aufkommen, dann versuche doch mal, auf diese drei Hacks zurückzugreifen:

1. *Akzeptiere die Tatsache, dass jeder mal Zweifel hat.* Wie wir gesehen haben, hatten sogar die größten Glaubenshelden ihre Augenblicke des Zweifelns. Wir sind gewissermaßen noch „in Arbeit" und leben in einer unvollkommenen Welt. Warum sollte da jemand schockiert sein, wenn er einen gelegentlichen Anfall von Zweifeln hat?

Ich merke, dass die meisten Christen nur ungern zugeben, wenn ihr Glaube schwankt (zweifellos weil sie befürchten, die gleiche Reaktion zu ernten wie Anne[1]). Aber so zu tun als ob und es sich nicht einzugestehen, ist nicht gesund. Eine meiner Lieblingspersonen in der Bibel ist der namenlose Mann, von dem uns im 9. Kapitel des Markusevangeliums berichtet wird. Sein Junge lag im Sterben, und sein Glaube hing ebenfalls an einem seidenen Faden. Er gestand Jesus ganz ehrlich: „Ich vertraue dir ja – hilf mir doch, meinen Unglauben zu überwinden!" (Vers 24). Und dieses Gebet spreche auch ich *oft*.

Fazit: Zweifel zu haben ist *nicht* abwegig, und wenn du welche hast, musst du *keine* Angst davor haben, mit Gott darüber zu reden.

2. *Sei nachsichtiger mit dir selbst*. „Habt Erbarmen mit denen unter euch, die in ihrem Glauben unsicher sind" (NGÜ), heißt es in Judas 22. Das schließt dann wohl auch ein, dass wir nachsichtiger mit uns selbst sein sollen. Natürlich erfüllen uns unsere erbitterten Kämpfe gegen den Zweifel nicht mit Freude, aber sie sollten uns auch nicht zur Selbstverachtung treiben. Widerstehe dem Drang, dich selbst fertigzumachen. Denke daran, dass du (noch) „in Arbeit" bist, und sei etwas nachsichtig mit dir. (Und bitte Gott, dir wenigstens *einen* verständnisvollen gläubigen Freund oder Mentor zu schenken, dem du dich anvertrauen kannst.)

3. *Klammere dich fest*. Klammere dich hartnäckig an Gottes Wahrheit, und lass alles andere los. (Jemand gab einmal den klugen Rat: „Glaube deinem Glauben und zweifle an deinen Zweifeln.") Ich persönlich klammere mich gern an die tröst-

liche Zusage aus Psalm 63, Vers 9: „Ich klammere mich an dich, und du hältst mich mit deiner starken Hand." Oder du hältst dich an die Zusage aus Philipper 1, Vers 6: „Ich bin ganz sicher, dass Gott sein gutes Werk, das er bei euch begonnen hat, zu Ende führen wird."

Bis dahin sind Zweifel nur „die Ameisen in den Hosen des Glaubens; sie halten ihn wach und in Bewegung", wie Frederick Buechner einmal sagte.

Lifehack Nr. 6

Wenn du dich überfordert fühlst

Frage: Was hat Abby, die in drei Wochen heiratet, mit Ben gemeinsam, der gerade seinen Job verloren hat? (Und die 1000-Euro-Frage: Was haben die beiden mit der Familie Garcias gemeinsam, die gerade ihr erstes eigenes, aber renovierungsbedürftiges Heim gekauft hat?)

Antwort: Sie alle brauchen eine gute *Liste*.

David Wallechinsky, Co-Autor des Bestsellers *The Book of Lists* (und zahlreichen Fortsetzungen), sagt: „Die Listen, die wir uns alle jeden Tag machen, sind Balsam für den zerstreuten Verstand."[1]

Jeder weiß, dass man nicht erst heiraten, auf Jobsuche sein oder eine alte Küche renovieren muss, um sich überfordert zu fühlen. Das Leben wird immer schneller und bietet uns mehr Möglichkeiten als je zuvor. Es heißt, dass Lebensmittelmärkte heute 40 000 Artikel mehr anbieten als noch vor 20 Jahren.

Kein Wunder, dass wir das Gefühl haben, alle möglichen Listen schreiben zu müssen: Einkaufslisten, To-do-Listen, „Schatz, kannst du mal"-Listen – wenn nicht auf Papier, dann doch wenigstens auf dem Smartphone oder im Kopf. Listen zu schreiben hilft uns, die endlosen Möglichkeiten durchzugehen und uns auf das Nötigste zu konzentrieren. Listen sorgen für Ordnung, Klarheit, Fokus und Motivation. Listen haben eine beruhigende Wirkung, weil sie das Leben etwas überschaubarer machen. Eine gute Liste ist wie ein Türsteher – sie sagt zu den zufällig auftauchenden oder unwichtigen Dingen: „Tut mir leid. Du kannst gern versuchen, dich in das Leben eines anderen hineinzudrängeln, aber hier bist du nicht willkommen – heute nicht."

Listen sind nicht nur hilfreich, sie können auch mehr Freude ins Leben bringen. Oder bekommst du nicht bessere Laune, wenn du an deine fünf schönsten Urlaube oder deine zehn Lieblingsfilme denkst?

Das war wohl auch der Grund, warum der italienische Schriftsteller Umberto Eco einmal schwärmte: „Es gibt nichts Schöneres als eine Liste."

Und weil wir von Listen so fasziniert sind, gibt es ganze Websites – wie zum Beispiel listverse.com –, die nichts anderes tun, als Listen zu erstellen. Die besten Burger in der Stadt? Die billigste Wohngegend? Die stressigsten Jobs? Die beliebtesten Kindernamen? Dokumentierte Fälle von Menschen, die spontan in Flammen stehen? Egal, welche Kategorie dir auch in den Sinn kommt, ich garantiere dir, dass es dafür irgendwo im Internet schon eine Liste gibt.

Was will ich damit sagen? Ganz einfach: Listen zu schreiben bereichert das Leben.

Genau das Gleiche gilt, wenn wir versuchen, unser Leben mit Gott zu führen.

Beten, anderen dienen, für Bedürftige spenden – diese Aktivitäten klingen zutiefst geistlich. Aber Listen schreiben? Das klingt so profan.

Aber ist dir schon einmal aufgefallen, wie viele Listen es in der Bibel gibt? Die Bibel fängt mit einer Liste von allem an, was Gott erschaffen hat (1. Mose 1). Und sie endet mit einer Liste, die die Herrlichkeit des Himmels und der Ewigkeit beschreibt (Offenbarung 21–22).

Dazwischen finden wir die Aufzählung der Stämme Israels (4. Mose 1 und 26), Listen von Dingen, die Gott hasst (Sprüche 6,16–19), Listen von geistlichen Tugenden (Galater 5,22–23) – sogar eine Liste der für die jüdische Stiftshütte benötigten Baumaterialien (2. Mose 25–30). Die Bibel enthält auch Listen der Apostel (Matthäus 10,2–4), Listen mit klugen Ratschlägen (das Buch der Sprüche) und verschiedenen geistlichen Fähigkeiten, die Gott den Gläubigen geschenkt hat, um die Gemeinde zu bauen (1. Korinther 12,1–11, Römer 12).

Es gibt noch zahlreiche andere Listen in der Bibel, wie zum Beispiel die mit koscheren und nicht koscheren Nahrungsmitteln (3. Mose 11), mit allen Orten, an denen die Israeliten während ihrer langen Reise ins Gelobte Land kampiert haben (4. Mose 33) und die Liste mit allen Königen, die sie besiegten, als sie dort ankamen (Josua 12). Und dann sollten wir die bekannteste Liste überhaupt nicht vergessen: die Zehn Gebote (2. Mose 20).

In der Bibel stehen all diese Listen, weil das Leben – auch das geistliche Leben – oft verwirrend und chaotisch wird und weil gute, übersichtliche Listen uns helfen, das im Blick zu behalten, was wirklich wichtig ist.

Ich denke, dass Listen ein genialer Weg sind, um dein Herz zu „hacken". Wenn du merkst, dass du dich überfordert fühlst, kannst du Listen schreiben, die dir helfen, wieder Boden unter den Füßen zu bekommen.

Lass mich nur ein paar dieser Listen aufzählen, die du vielleicht erstellen könntest:

- *Meine geistlichen Mentoren.* Und nachdem du diese Personen aufgezählt hast, solltest du sie anrufen, besuchen oder ihnen schreiben. Danke ihnen dafür, wie sie sich in dein Leben eingebracht haben.
- *Meine Lieblingskapitel in der Bibel.* Und dann lies sie noch einmal durch, jeden Tag ein Kapitel.
- *Vier unmögliche Dinge, bei denen ich Gott vertraue.* Hänge diese Liste dort auf, wo du sie jeden Tag sehen und dafür beten kannst. Außerdem könntest du diese Verse über deine Liste schreiben: „Sollte dem Herrn etwas unmöglich sein?" (1. Mose 18,14; NL) und: „Für [Gott] ist alles möglich!" (Markus 10,27).
- *Bücher der Bibel, die ich noch lesen will.* Schreibe sie auf, lies sie, und hake sie eines nach dem anderen ab. (Du willst doch nicht, dass Habakuk einmal im Himmel auf dich zukommt und sagt: „Wie hat dir mein Buch gefallen?", und du hast keine Ahnung, was drinsteht. Das wäre echt peinlich!)
- *Fünf negative Eigenheiten, die ich mit Gottes Hilfe ablegen will.* Wenn zum Beispiel Bitterkeit eine davon ist, könntest du ein paarmal Zeit mit Gott verbringen, nachlesen, was die Bibel über Bitterkeit sagt, und Gott dann um Kraft bitten, noch anhaltende Bitterkeit abzulegen.
- *Sieben Ideen, wie ich sieben Personen in meinem Leben in der*

kommenden Woche etwas Gutes tun kann. Erstelle eine Liste und arbeite die Punkte einen nach dem anderen, Tag für Tag ab.
- *Dinge, die mir Sorgen bereiten.* Nachdem du alles aufgezählt hast, was dir Sorgen bereitet oder Angst macht, kannst du die Liste in zwei Listen unterteilen: „Situationen, über die ich ein wenig Kontrolle habe" und „Situationen, auf die ich keinen Einfluss habe". Dann tue alles, was in deiner Macht steht, um die Punkte auf der ersten Liste abzuarbeiten. Und anschließend sprich mit Gott über die zweite Liste.
- *Meine fromme Löffelliste.* Notiere dir zum Beispiel christliche Bücher, die andere dir empfohlen haben, Erfahrungen, die du gern machen würdest (einen Missionseinsatz machen, nach Israel reisen), und Menschen, mit denen du gern tiefgehende geistliche Gespräche führen willst.

Das sind nur ein paar Vorschläge. Dir fallen bestimmt noch bessere Ideen für mögliche Listen ein. Ich kann dir nur sagen, dass dieser kleine Hack wirklich prima funktioniert. Wenn du dich irgendwie geistlich überfordert fühlst, dann probiere es doch mal aus: Erstelle eine Liste und arbeite sie ab.

Lifehack Nr. 7

Wenn das Leben voller Ungewissheiten ist

Wenn du die gegenwärtige Ära als das Informationszeitalter bezeichnen willst, bin ich ganz bei dir. Allerdings finde ich den Begriff „Informationstsunami" noch zutreffender.

Ich habe das Gefühl, jeden Tag von einer *Flutwelle* frischer Daten, neuer Erkenntnisse und Forschungen überrollt zu werden. Und das bilde ich mir übrigens nicht nur ein: IBM hat schon vor Jahren erklärt, dass wir kurz vor dem Zeitalter stehen, in dem sich das menschliche Wissen alle 11 bis 12 Stunden verdoppeln wird![1]

Kein Wunder, dass ich da Kopfschmerzen bekomme.

Mit jedem Tag wird mir stärker bewusst, dass ich über immer mehr immer weniger weiß. Angesichts dieser Geschwindigkeit ist es nur noch eine Frage der Zeit, bis ich gar nichts mehr über alles weiß. (Die Alternative ist natürlich auch nicht besser – all die Spezialisten, die ständig über immer weniger immer mehr lernen. Kommen sie nicht irgendwann an den Punkt, wo sie alles über nichts wissen?)

Aber über eines bin ich mir sicher: Man könnte den Pazifik (und den größten Teil des Atlantiks) mit all dem füllen, was ich nicht weiß, wie zum Beispiel, wie eine „Cloud" funktioniert. Oder warum ein Mensch, der im Vollbesitz seiner geistigen Kräfte ist, Politiker werden will. Oder warum ein Café, das an einer großen Durchgangsstraße liegt, um elf Uhr morgens keinen Kaffee mehr anbietet. Oder warum unser 28 Jahre alter Gefrierschrank seit mindestens zehn Jahren alle 90 Minuten ein lautes Klopfen von sich gibt.[2]

Aber abgesehen von diesen dummen Nebensächlichkeiten gibt es immer noch genügend düstere Unbekannte. In den Tagesnachrichten geht es meistens um Krankheiten oder Katastrophen. Was wird uns erwarten, wenn wir uns morgen einloggen oder den Fernseher einschalten? Terroristen? Computerhacker? Ein wirtschaftlicher Zusammenbruch? Kein „Experte" dieser Welt kann das heute schon sagen.

Neben all diesen „Schlagzeilen" aus einer kaputten Welt erwarten uns noch andere Unbekannte, die uns mehr unter die Haut gehen:

Was kann ich tun, um meine Ehe zu retten – wenn das überhaupt noch möglich ist?

Was geht in meinem Kind vor sich?

Was soll ich nur tun, wenn ich meinen Job verliere?

In meiner Familie ist schon Alzheimer aufgetreten. Werde ich das auch bekommen?

Wenn ich nicht mehr arbeiten kann, wovon sollen wir dann leben?

Das Interessante daran ist: Ich wette mit dir um eine Tasse schwarzen Kaffee (aber nur vor 11 Uhr morgens), dass ich im Internet innerhalb von fünf Minuten ein YouTube-Video finden kann, das mir erklärt, warum unser Gefrierschrank diese Geräusche macht. Was ich *nicht* finden kann – auch nicht trotz des exponentiellen Wachstums menschlichen Wissens –, ist, was 2030 passieren wird oder was mein Rentenfonds in 15 Jahren wert sein wird oder wie viele Herzschläge mir noch bleiben.

Diese Ungewissheit erklärt, warum mir ein Ausdruck, der sich an verschiedenen Stellen in der Bibel findet, so wichtig geworden ist.[3] Israels große Könige – David und Salomo – haben ihn gebraucht und auch Propheten wie Hesekiel und Apostel wie Petrus.

Dieser Ausdruck lautet „du weißt".

„*Du weißt.*"

Wir lesen ihn gelegentlich in Gebeten und auch in manchen Gesprächen mit Jesus. Die Menschen, die diesen Ausdruck gebrauchen, sind immer mit Ungewissheiten konfrontiert. Sie stecken bis zum Hals in Schwierigkeiten. Sie fühlen sich winzig, verloren und wissen nicht, was sie als Nächstes tun oder sagen sollen. Es sind zwar nur zwei Worte, aber die haben es in sich. Man gibt damit demütig zu: „Frag nicht mich, was passieren oder was kommen wird. Ich habe keine Ahnung. Aber, Herr, du weißt es. Du weißt. *Du* weißt. Du *weißt*."

Wenn du auf den Herzschlag hinter diesen beiden Worten achtest, wirst du merken, dass der Sprecher mit einer großen Wahrheit rechnet. Der Eine, der angesprochen wird, hat alle Fakten und weiß, wie alles ausgehen wird und wie man am besten weiter vorgeht. „Du weißt" ist in gewisser Weise ein Zeichen demütiger Resignation. Aber hauptsächlich ist es ein Ausdruck der Erleichterung.

An seinem letzten Abend auf dieser Erde setzte sich Jesus zu einem Abschiedsessen mit den zwölf Aposteln zusammen.

Weil er wusste, was ihm bevorstand, beschloss der Lehrer, ihnen eine letzte Lektion mitzugeben. Den Berichten zufolge bedachte er sie mit einer erstklassigen, wahrhaftigen Flutwelle an Wahrheit. Die meiste Zeit hörten die Jünger schweigend zu – obwohl die wenigen seltsamen Bemerkungen von Thomas, Philippus und Judas (nicht Ischariot) zeigen, dass keiner von ihnen ihm wirklich folgen konnte. Können wir es ihnen verdenken? Nach einer so seltsamen und stressigen Woche waren sich die Nachfolger Jesu nur noch einer Sache sicher: Sie waren sich über nichts wirklich sicher.

Ich kann mir vorstellen, wie sie bei Kerzenlicht dasitzen, verständnislos auf den Teller starren, auf dem die Überreste vom Lamm und einige Kräuter liegen, und sich gelegentlich einen flüchtigen Blick zuwerfen. Johannes gibt zu, dass sie miteinander flüsterten: „Was meint er bloß damit?" „Wir verstehen das nicht" (Johannes 16,17–18). Zum Glück sprach einer die eine Wahrheit aus, auf die sie alle inmitten so vieler Ungewissheiten dringend angewiesen waren: „*Du weißt* alles" (Verse 29–30; Hervorhebung des Autors).

Jesus ließ diese Aussage einen Moment stehen, und dann riet er ihnen, trotz allem den Mut nicht zu verlieren. Er betete, und das Treffen war beendet. Sie verließen den Raum, und genau wie er es versprochen hatte, brach die Hölle über sie herein.

Ein oder zwei Wochen später, nach der Kreuzigung und der Auferstehung – zwei Ereignissen, die sich genauso ereigneten, wie Jesus es angekündigt hatte –, versammelte er wieder einmal die meisten seiner engen Freunde (Johannes 21). Petrus, der Anführer der Gruppe, war auch dabei. Er badete immer noch in Selbstmitleid, weil er Jesus in der Stunde größter Not im Stich gelassen hatte. Er hatte nicht nur ein Mal, sondern gleich drei Mal geleugnet[4], ihn zu kennen. Jesus wusste genau, wie es in dem Apostel aussah und was er brauchte, und fragte Petrus daher dreimal hintereinander: „Liebst du mich?"

Das tat Jesus übrigens nicht, um sich zu informieren (er kannte ja die Wahrheit schon) – er tat es, um Petrus einen Neuanfang zu schenken. Und jedes Mal gestand sein demütiger Jünger: „Herr, du weißt ... Herr, du weißt ... Herr, du weißt alles" (Johannes 21,15–17).

Was gab es da noch zu sagen?

„Herr, du weißt" ist mittlerweile eines meiner absoluten Lieblingsgebete. Es ist mein Standard-Hack, wenn ich völlig ratlos bin oder wenn ich Angst habe vor dem, was kommen könnte – also eigentlich fast immer.

Ich vermute mal, dass es auch in deinem Leben zumindest eine Situation gibt, in der du nicht weißt, was du tun sollst oder was passieren wird. Vielleicht weißt du nicht, wie du jetzt weitermachen sollst. Oder dir ist zwar klar, was zu tun ist, aber du weißt nicht, was passieren wird, wenn du es tust. Vielleicht stehst du vor schwierigen Fragen: *Was bereitet meinem Kind gerade Sorgen? Werde ich jemals den Mann fürs Leben finden? Wie lange muss ich diese Belastung noch ertragen?*

Ich weiß nicht viel, aber eines kann ich dir sagen: Wenn ich „Du weißt" zum Einzigen sage, der es *tatsächlich* weiß, komme ich innerlich zur Ruhe.

Lifehack Nr. 8

Wenn du völlig erschöpft bist

Welcher Amerikaner hört nicht gern Briten reden?

Es ist zum größten Teil dieser Akzent, der dafür sorgt, dass James Bond so cool und Serien wie *The Crown* und *Downtown Abbey* in unserem Land so beliebt sind. Er ist schuld daran, dass ich mich in meiner Zeit v. C. (vor Cindi) auf einem Transatlantik-Flug einmal in vier Flugbegleiterinnen von *British Airways* gleichzeitig verliebt habe. (Hinweis: Man hat mir gesagt, die Briten klingen deshalb so vornehm, weil sie in jeder Lebenslage Haltung bewahren.)

Wie dem auch sei. Es ist nicht nur die Art und Weise, wie Briten sprechen, sondern auch das, *was* sie sagen. Andere Länder sind ihnen in kulinarischen oder militärischen Dingen vielleicht überlegen, aber in punkto Vokabular kann niemand mit den Briten mithalten.

Wir Amerikaner sagen „shocked", wenn uns etwas sehr verblüfft, sie sagen „gobsmacked" („völlig von den Socken sein") dazu. Wir rufen „Shotgun!" oder „Dibs!", um etwas als Erster zu beanspruchen, sie rufen „Bagsy!" („Das ist meins!"). In Los Angeles bezeichnet man einen Fehlschlag als „failure", in London aber als „damp squib" („Rohrkrepierer"). Und was ist, wenn die Briten erschöpft sind, weil sie so viele coole

Ausdrücke heruntergerattert haben? Sie sagen nichts so Langweiliges wie „I'm so tired" („Ich bin so müde"). In England sagt man dazu „I'm knackered" („Ich geh am Stock").

Am Stock gehen.

Wir Nicht-Briten sagen zwar nicht „knackered" dazu, aber wir fühlen uns so. Wie soll's denn auch anders sein? Das Leben rast an uns vorbei. Auf der Arbeit türmen sich die Projekte vor uns auf, und der Druck wird zunehmend größer. Zu Hause wird die To-do-Liste immer länger, und der Facebook-Feed ändert sich sekündlich.

Was sollen wir also tun? Wir stehen früher auf und gehen später ins Bett. Wir versuchen, alles gleichzeitig zu erledigen, machen immer mehr und genießen das Leben immer weniger. Wir brauchen eine Pause, aber wir können nicht innehalten, stimmt's? Wir machen immer weiter. Wir machen weiter aus Angst, abgehängt oder sogar überrollt zu werden von all den Menschen und Anforderungen, die uns im Nacken sitzen.

Und wenn wir so erschöpft sind, sind wir am anfälligsten dafür, wütend und genervt zu reagieren und lächerliche, ja sogar dumme Dinge zu tun oder zu sagen. (Die Briten sagen dazu „losing the plot" – „den Faden verlieren" – ein Ausdruck, der meiner Meinung und ihrem Vokabular nach „ace" – „spitze" – ist.)

Vielleicht geht es dir ja auch gerade so (nein, nicht spitze, sondern erschöpft). Du bist ausgepowert. Du hast keine Kraft mehr. Und vielleicht hast du gleich doppelt Pech, weil du meinst, du könntest es niemandem gestehen.

Was für eine teuflische Lüge. Wir fürchten, wenn wir unsere Kämpfe eingestehen, dann werden uns die anderen bloß mit großen Augen und hochgezogenen Augenbrauen anschauen. (Das würden sie vielleicht sogar, aber nicht, weil das, *was* wir zugeben – Bitterkeit, Neid oder Begierde –, so außergewöhnlich ist. Außergewöhnlich ist, *dass* wir es zugeben.) Die Vorstellung, zuzugeben, dass wir erschöpft sind, macht uns Angst. Nur Schwächlinge würden zugeben, dass sie müde sind oder sich schwach fühlen!

Wenn es dir so geht, habe ich eine gute Nachricht für dich: Wir sind alle nur Menschen. Durchhaltevermögen und innere Stärke sind zwar lobenswerte Eigenschaften, aber selbst Athleten, die einen Ironman laufen, halten nicht ewig durch. Gott hat unseren Körper und unser Gehirn so geschaffen, dass sie irgendwann aufhören, ihren Dienst zu verrichten, und für fast ein Drittel des Tages herunterfahren – während wir schlafen. Außerdem hat er uns angewiesen, uns jeden siebten Tag frei zu nehmen – also wirklich „frei".

Hier ein Gedanke dazu: Vielleicht *fühlen* wir uns ja müde, weil wir *tatsächlich* müde sind, und unsere Gefühle sind im Einklang mit der Realität. Sogar Maschinen aus Stahl nutzen sich ab. Vielleicht sollten wir uns nicht länger dafür schämen, erschöpft zu sein. Vielleicht sollten wir uns nicht wie Schwächlinge fühlen, sondern unsere Erschöpfung akzeptieren und den Schlaf und den Sabbat als Gottes Geschenke dankbar und freudig annehmen.

Hier ist ein definitiv nicht sehr cleverer Hack für dich: Höre auf deinen erschöpften Körper und deine müde Seele. Versuche nicht länger, den starken Mann zu markieren oder so zu tun, als hättest du alles im Griff. Es reicht jetzt mit dem Märtyrer-Gerede („Wenn ich es nicht mache, wer macht es dann?"). Hör auf. Leg dich hin. Schließe die Augen, und ruhe dich aus. Die Welt wird schon nicht untergehen – so wichtig bist du nicht.

Wenn du nicht schlafen willst, dann mach wenigstens Pause. Geh spazieren, schau hinauf zum Himmel, und atme tief durch. Dann geh wieder rein, und wirf einen Blick in deinen überfüllten Kalender, deinen engen Zeitplan. Frage dich selbst: *Was kann ich weglassen?*

In einem Abschnitt des Matthäusevangeliums spricht Jesus zu einer großen Menschenmenge. Es scheint keine offizielle Predigt zu sein, wie seine bekannte Bergpredigt. Es ist wohl eher eine Frage- und Antwortstunde, bei der er Gedanken zu allen möglichen Themen weitergibt. Dann fängt er spontan an, laut zu beten. Als er fertig ist, betrachtet er die Menschenmenge.

Es sind nur Menschen. Ganz gewöhnliche Menschen wie du und ich. Mütter, die sich Sorgen um ihre Kinder machen. Väter, die sich fragen, ob sie auch in Zukunft noch für ihre Familie sorgen können. Manche plagen Schuldgefühle, andere trauern oder versinken in Depressionen oder sind einfach völlig fertig.

Das Leben laugt uns manchmal ganz schön aus und raubt uns alle Lebensfreude. Jeder ist früher oder später einmal erschöpft. Das weiß Jesus so gut wie jeder andere (Markus 4,38, Johannes 4,6). Als er die Niedergeschlagenheit in ihren Gesichtern sieht, spricht er eine seiner bekanntesten Einladungen aus:

Kommt alle her zu mir, die ihr euch abmüht und unter eurer Last leidet! Ich werde euch Ruhe geben. Vertraut euch meiner Leitung

an und lernt von mir, denn ich gehe behutsam mit euch um und sehe auf niemanden herab. Wenn ihr das tut, dann findet ihr Ruhe für euer Leben. Das Joch, das ich euch auflege, ist leicht, und was ich von euch verlange, ist nicht schwer zu erfüllen. Matthäus 11,28 – 30

Ruhe für die Erschöpften. Ein gesundes, vernünftiges Leben für alle, die den Faden verloren haben. Das sind wirklich gute Nachrichten.

Die Briten würden jetzt wahrscheinlich sagen, dass das „glänzende Neuigkeiten" sind.

Lifehack Nr. 9

Wenn es lange dauert, bis du dich von einer kräftezehrenden Erfahrung erholt hast

„Gut Ding will Weile haben", sagen wir gern. „Rom wurde auch nicht an einem Tag erbaut."

Aber während wir diese Dinge *sagen, denken* die energiegeladenen Macher unter uns gleichzeitig etwas ganz anderes: *Um Himmels willen! Was dauert denn da so lange? Das kriegt doch jeder Depp im Handumdrehen hin! Lass mich mal machen. Ich brauche nur das richtige Bauunternehmen und gutes Wetter, und dann macht Platz! Ich habe „Rom" in Nullkommanichts erbaut.*

Natürlich ziehen sich viele Dinge viel länger hin, als es gedacht war – Wahlkampagnen, Baustellen, die *Lindenstraße*. Aber manche Dinge brauchen einfach ihre Zeit. Es geht nicht schneller. Zum Beispiel die Entstehung von Diamanten und das Heranwachsen von Eichen. Oder das Wunder einer Schwangerschaft. Diese neun Monate kann man nicht beschleunigen.

Das Gleiche gilt für jemanden, der völlig ausgelaugt ist.

Als ich zum ersten Mal mit einem Burn-out konfrontiert wurde, erklärte mir ein Seelsorger ganz direkt: „Der ist nicht über Nacht gekommen, und er wird auch nicht über Nacht wieder verschwinden."

Ich nickte demütig und murmelte nur: „Da haben Sie sicher recht."

Aber im Stillen dachte ich: *Da liegst du aber ganz falsch! Du vergisst die Macht des Gebets. Und dass Gott mich von jetzt auf gleich heilen kann. Und all die wunderbaren Bücher und Seminare zu dem Thema. Ich wette, dass ich ein YouTube-Video finde, das genau zu meiner Situation passt. Ich könnte mir auch ein paar Podcasts anhören und bin dann im Nu wieder auf dem Damm!*

Etwa zur gleichen Zeit ging meinen Gemeindeältesten auf, dass ich mir in meinen über 20 Jahren Gemeindedienst noch nie eine Auszeit genommen hatte. Als sie mir freundlich erklärten, ich solle mal für sechs Wochen verschwinden, war ich versucht, meinem Burn-out zu erklären, dass seine Tage gezählt waren.

Mehr als 40 Tage lang gab ich mein Bestes, um es Dornröschen gleichzutun. Ich verschlief den halben Morgen und machte nach dem Essen einen Mittagsschlaf. Ich schaute Filme auf *Netflix* und dachte über den Propheten Elia nach, der ja auch einen Burn-out gehabt hatte (1. Könige 16–19). Ich las diverse tiefgründige Bücher über die menschliche Seele und verbrauchte dabei mehrere Textmarker. Ich schrieb Tagebuch, ging spazieren und zur Seelsorge. Großzügige Freunde liehen mir sogar ihr Haus am See, wo ich auf Gottes herrliche Schöpfung starrte. Sechs Wochen lang *tat* ich sehr wenig und *war* einfach nur sehr viel.

Würdest du mir glauben, wenn ich dir sage, dass ich am Ende dieser Zeit *müder* war als am Anfang?

Mediziner haben mir erklärt, wenn ein Workaholic zu lange zu hart arbeitet, ohne sich eine Pause zu gönnen, dann fängt der Körper an, Adrenalin zu produzieren – einfach nur, um zu funktionieren. Das Problem dabei ist, dass unsere Hormondrüsen bloß dazu erschaffen wurden, gelegentlich einen Adrenalinschub auszustoßen – in Notfällen. Adrenalin war nie dazu gedacht, uns dauerhaft anzutreiben. Deshalb fügt es unserem Körper, unserer Seele, unserem Verstand und unserem Geist großen Schaden zu, wenn wir ständig durchs Leben hasten. Wir merken erst, wie ausgelaugt wir sind, wenn wir endlich innehalten. Und dann können wir uns auf eine harte Landung gefasst machen.

Natürlich können uns nach dem unausweichlichen Zusammenbruch Gebet, andere Menschen, Medikamente, Fakten und Bücher dabei helfen, uns zu erholen. Aber wenn wir total erschöpft sind, hilft uns vor allem eines: Zeit.

Denke mal über Folgendes nach: Ein Glas ist in wenigen Sekunden mit Wasser gefüllt. Für einen Teich braucht man Wochen, vielleicht sogar Monate. Und etwas so Großes wie die Seele? „Es kann ein Jahr oder sogar länger dauern", warnte mich mein Seelsorger. Er hatte recht.

Warum Gott das so eingerichtet hat, ist ein großes Geheimnis. Manche biblischen Erzählungen berichten davon, dass er ganz schnell eingreift. Ein Wort, eine Berührung, und schon wenden sich düstere Aussichten urplötzlich, und ein Leben wird augenblicklich wiederhergestellt. Worüber wir in der Bibel oft hinweglesen, ist die Tatsache, dass Gott sich meistens sehr viel Zeit lässt. Er verzögert Dinge und schiebt sie hinaus. Ich will es nicht leugnen: Manchmal kommt es mir fast so vor, als würde er ein bisschen trödeln.

Wie sonst lassen sich in der Bibel die langen Zeitspannen erklären, in denen die Menschen nur „auf den Herrn harren"? Kaum blättern wir eine Seite um, hat jemand weitere 40 Jahre in einer schwierigen Situation verbracht oder weitere 400 in einem Schlammassel festgesteckt.

Verstehe mich nicht falsch: Gott tut *immer*, was er versprochen hat. Aber er hat es dabei offensichtlich nicht eilig. Schnelle Lösungen sind die Ausnahme, nicht die Regel. Über weite Strecken passiert nichts Besonderes. Die Ereignisse, von denen in der Bibel berichtet wird, sind nur die wenigen Highlights.

Wenn du wegen einer Krise oder einer Tragödie oder weil du zu lange zu hart gearbeitet hast, ausgelaugt bist, musst du eine zentrale Wahrheit akzeptieren: Die Zeit spielt die wichtige Hauptrolle bei deiner Wiederherstellung. Die Zeit ist nicht dein Feind, sondern dein Freund. Die lange, langsame Reise zur Genesung ist genauso wichtig wie das Ziel. Und es hat überhaupt keinen Sinn, die Dinge beschleunigen zu wollen, denn Gott hat es *nicht* eilig. Du wirst ans Ziel kommen, wenn er sagt, dass es so weit ist, und keinen Tag früher.

Gibt es dafür einen Hack? Ja, und er besteht aus zwei Teilen.

Erstens: Sei geduldig mit Gott. Selbst wenn es lange dauert, bis er seine Absichten verwirklicht und handelt, kannst du dich darauf verlassen, dass es dein Leben verändern wird. Während du die Augen verdrehst und unruhig mit dem Fuß auftippst, tut er viel mehr, als du dir vorstellen kannst. Mit dem Meisel der Zeit bearbeitet er dich auf eine tief gehende Weise, was du oft gar nicht wahrnimmst.

Zweitens: Sei geduldig mit dir selbst. Kämpfe gegen das Verlangen an, den Heilungsprozess beschleunigen zu wollen. Eile ist die dysfunktionale Reaktion eines gestörten und verirrten Innenlebens. Sie trägt die Mitschuld an dem, was dich überhaupt erst in diese Lage gebracht hat! Glaube mir eins: Wenn du versuchst, so schnell wie möglich wieder gesund zu werden, ist das so, als würdest du Meerwasser trinken, um deinen Durst zu stillen. Das wird sich ganz böse rächen.

Eines Tages vernahm ich ein dumpfes Geräusch an unserer Terrassentür. Als ich nachschaute, sah ich einen wunderschönen Kolibri mit leuchtend rotem Hals reglos auf den Pflastersteinen liegen.

Ich zuckte zusammen. Jeder weiß, dass Kolibris nur zwei Geschwindigkeiten kennen: hektisch und tot. Bei diesem kleinen Kerl waren die Tage des Schwirrens und Fliegens offensichtlich vorbei. An der unnachgiebigen Glasscheibe hatte sein Leben ein jähes Ende gefunden.

Oder auch nicht.

Nach einigen Sekunden bewegte sich der Vogel langsam wieder und rappelte sich schließlich auf. Und dann saß er ganz still da. Er sah so benommen aus, dass man schon fast die Sternchen – wie in den Zeichentrickfilmen – um seinen Kopf kreisen sah. Ich ließ ihn in Ruhe. Als ich zwei Stunden später wieder nach ihm sah, war er weg.

Nach einer heftigen Bruchlandung braucht man eben eine Weile, um sich wieder zu fangen. Du darfst dich also in Ruhe zurückziehen und deine Batterien wieder aufladen. Nimm dir so viel Zeit, wie du brauchst.

Lifehack Nr. 10

Wenn der Gedanke an Buße dich kalt lässt

Kannst du mir auf die Schnelle ein Wort nennen, das einen Image-Berater nötiger hätte als das Wort „Buße"?
    Hahaha! Das war eine Fangfrage. Es gibt keines. Kein Wort muss dringender sein Image aufpolieren.
    Du bist anderer Meinung? Du denkst, dass ich übertreibe? Dann führe doch mal das folgende Experiment durch, wenn du das nächste Mal Zeit mit anderen Leuten verbringst: Lass in den Gesprächen immer wieder mal das Wort „Buße" fallen, und beobachte die Reaktionen. Ich garantiere dir, dass mindestens eine Person zusammenzucken wird. Vielleicht wirst du auch beobachten können, dass jemand sich sichtlich versteift oder sogar den Raum verlässt. Wenn das Wort zum dritten oder vierten Mal fällt, kannst du vermutlich sehen, wie einer den Kopf schüttelt und ein anderer die Kiefermuskeln anspannt. Du wirst beobachten, dass die Augen der Umstehenden alle möglichen komischen Sachen anstellen – sie werden dich wütend anfunkeln, groß werden, sich verdrehen –, und ich spreche hier von *religiösen* Menschen. (In anderen Gruppen wirst du wahrscheinlich noch viel schlimmere Dinge hören und sehen.)

Wenn er das Wort „Buße" hört, bleibt niemand gleichgültig, und die meisten Menschen haben sogar eine negative Einstellung dazu. Vielleicht bist du selbst ja auch etwas gereizt, wenn du es hörst.

Warum? Liegt es daran, dass das Wort „Buße" meist aus dem Mund engstirniger Christen kommt, die mit Vorliebe „Sünder" anschreien? Liegt es daran, dass das Wort manchmal in großen Lettern auf Brücken gesprüht wird[1], als wäre es eine Art religiöses Schimpfwort? Was entgeht uns hier an den vier Buchstaben und zwei Silben dieses alten biblischen Wortes?

Und hier noch eine letzte Frage: Könnte es sein, dass Buße ein Hack ist, mit dem wir unser Leben verbessern können?

Forschen wir erst mal ein bisschen nach: Das alttestamentliche hebräische Wort, das in deutschen Bibeln mit „Buße tun" übersetzt wird, ist *shub*. Dieses gängige Verb bedeutet so viel wie „kehrtmachen oder zurückkehren, zurückgehen". Stell dir einfach jemanden vor, der in eine Richtung geht und dann eine Kehrtwendung macht – genau das ist damit gemeint.

Wenn in deutschsprachigen Ausgaben des Neuen Testaments der Begriff „Buße tun" steht, dann steht dort im griechischen Original das Wort μετανοέω *(metanoeo)*, was wörtlich übersetzt „den Sinn ändern" bedeutet. Oder um es mit anderen Worten zu sagen: Menschen, die eine entscheidende Information erhalten, ändern ihr Leben dementsprechend demütig.

Wenn wir diese beiden Konzepte zusammenbringen (den Sinn ändern + kehrtmachen), dann bekommt „Buße tun" eine ganz andere Bedeutung. Es gibt zwar Menschen, die den

Begriff – leider – dazu benutzen, um andere unbarmherzig zu verurteilen, aber das ist nicht der Gedanke, der eigentlich dahintersteckt. Das Wort „Buße" ist im Grunde eine freundliche Einladung, das eigene Leben zu überdenken und in eine neue Richtung zu lenken. Na, so was! Buße hat also nichts damit zu tun, dass man sich verbal demütigen lässt, sondern damit, eine kluge Entscheidung zu fällen. Es bedeutet, dass man einen dringend notwendigen Input bekommt und daraufhin eine grundlegende Kurskorrektur vornimmt.

Gehören zur Buße auch Gefühle dazu? Möglicherweise, aber es gehören *immer* Taten dazu. James I. Packer drückte das so aus: „Wie wir wissen, bedeutet Buße nicht in erster Linie Stöhnen und ein schlechtes Gewissen, sondern Umkehr und Veränderung."

Hat Buße immer etwas mit Religion zu tun? Nein, nicht unbedingt. Wenn deine Ärztin dir rät, dich anders zu ernähren und Sport zu treiben, da du sonst riskierst, Diabetes zu bekommen, dann sagt sie damit im Grunde, dass du *Buße tun* sollst, allerdings drückt sie dies mit anderen Worten aus. Und sie versucht auch nicht, dir ein schlechtes Gewissen zu machen; sie versucht, dir zu helfen. Das Gleiche gilt für deinen Freund mit dem ausgeprägten Geschäftssinn, der dir einige alte Zeitungsartikel mailt und dich ernsthaft drängt, dich über den Werdegang eines Unternehmensgründers zu informieren, bevor du dein sauer verdientes Geld in seine neu gegründete Firma investierst.

Als Jesus anfing, öffentlich zu predigen und zu lehren, hatte er eine einfache Botschaft: „Die Zeit ist gekommen, das Reich Gottes ist nahe. Kehrt um und glaubt diese gute Botschaft!"

(Markus 1,15; NGÜ). Das ist von großer Bedeutung, denn: Wenn das Markusevangelium wirklich das älteste der vier Evangelien ist (wie viele Fachleute glauben), dann ist diese Einladung zur Umkehr das erste niedergeschriebene Gebot von Jesus.

Und achte darauf, dass Jesus nicht nur dazu aufruft, umzukehren, sondern dass er auch eine „gute Botschaft" ankündigt. (Frage: Wie geht das ohne ein Grinsen auf dem Gesicht?) Im Grunde sagte Jesus: „Wacht auf! Macht die Augen auf! Ihr müsst nicht so weiterleben wie bisher. Glaubt mir und dem, was ich euch sage!"

Tut Buße und glaubt ... In diesen wenigen Worten fasst Jesus kurz zusammen, wie man eine Beziehung zu Gott *eingeht*. Dem Rest des Neuen Testaments zufolge ist das auch die Anleitung dafür, wie man eine Beziehung zu Gott *fortführt*. Wir sind im Grunde dazu aufgerufen, ständig umzukehren und an Gott zu glauben. Johannes Calvin meinte einmal: „Buße ist nicht nur der Anfang des christlichen Lebens, sie ist das ganze christliche Leben." Und der Autor A. W. Pink warnte: „Wer als Christ aufhört, Buße zu tun, hört auf zu wachsen."

Die meisten Christen sprechen gern über den Glauben. Ich vermute, dass auch deine Freunde schon offen darüber gesprochen haben, wie sie Gott in dieser oder jener Sache vertraut und positive Erfahrungen gemacht haben. Du bist wahrscheinlich auch schon ermutigt worden, „am Glauben festzuhalten" und „im Glauben zu leben" und „den guten Kampf des Glaubens zu kämpfen".

Wie können wir besser über das Thema „Buße" sprechen? Stell dir vor, du würdest mit Menschen zusammensitzen, die ehrlich und ohne einander zu verurteilen über die Dinge in ihrem Leben sprechen, bei denen sie Gottes Hilfe brauchen, um sie zu verändern. Wäre das möglich?

Ja, das wäre es. Und es muss möglich sein. Wir brauchen Gruppen, in denen wir über Glaube *und* Buße sprechen können. Aber bevor es jemals solche *Gruppen* geben wird, brauchen wir *einzelne* Christen, die sich darauf verstehen, Buße zu tun.

Wie wir gesehen haben, besteht der erste Schritt zu einem „bußfertigen" Leben darin, Buße zu tun für unsere falschen Vorstellungen von Buße! Die weitverbreitete Vorstellung, Buße zu tun hieße, in Sack und Asche in der Ecke der Kirche zu stehen und heftig zu schluchzen, während alle anderen verächtlich mit dem Finger auf einen zeigen, muss verschwinden. Das ist eine Lüge. Buße zu tun ist nichts, wofür man sich schämen müsste, sondern eine kluge Entscheidung. Buße zu tun bedeutet, aus Gnade Erkenntnisse von oben zu bekommen und unser Denken immer wieder von der Wahrheit verändern zu lassen, damit wir ständig zu Gott umkehren und ihm immer wieder vertrauen.

Willst du einen guten Lifehack dafür? Bete das nächste Mal, wenn du eine Bibel in die Hand nimmst, so etwas Ähnliches wie das hier: „Herr, du hast mich eingeladen, dir zu folgen und ein Leben der Buße und des Glaubens zu leben. Wenn ich jetzt in deinem Wort lese, dann zeige mir, wo in meinem Leben ich eine Kehrtwende vornehmen muss. Und dann schenke mir die Gnade, dir immer tiefer zu vertrauen."

Wenn dich das nächste Mal ein Freund fragt: „Wie kann ich für dich beten?", wie wäre es, wenn du dann antwortest: „Bete dafür, dass es mir immer besser gelingt, Buße zu tun."

Lifehack Nr. 11

Wenn du beten willst, aber nicht die richtigen Worte findest

Hattest du schon mal eine Schreibblockade? Du sitzt am Computer, die Tastatur liegt *direkt* vor dir – aber die Suche nach den richtigen Worten ist wie die Suche nach dem Yeti im Himalaja oder nach vermissten Schiffen im Bermudadreieck.

Viel Glück.

Ich kenne das auch. Glaub mir, wenn dir die Worte fehlen, dann wollen sich deine Finger einfach nicht bewegen. Und wenn du nicht auf die Tasten drückst, bleibt der Bildschirm leer. Zum Glück dauerte meine schlimmste Schreibblockade nur ein paar Tage. Ich kenne aber Autoren, die *monatelang* nicht schreiben konnten.

Viel schlimmer als eine Schreibblockade – und viel verbreiteter – ist die „Gebetsblockade". Hast du das schon mal erlebt? (Vielleicht hast du ja gerade eine.) Du willst beten – du willst Gott *unbedingt* dein Herz ausschütten –, aber dir fehlen einfach die Worte.

Manchmal passiert das, weil wir körperlich oder emotional erschöpft sind. Der bloße Gedanke daran, zusammenhängende Sätze formulieren und mit Gott sprechen zu müssen, macht uns so fertig, als müssten wir den Mount Everest besteigen. Manchmal fehlen uns beim Beten auch die Worte, weil in unserem Kopf Chaos herrscht. In unserem Leben überschlagen sich die Ereignisse, und wir wissen nicht mehr, was wir denken, geschweige denn, was wir beten sollen.

Während einer besonders chaotischen Phase meines Lebens erzählte ich einem Freund: „Es fühlt sich an, als würde ich mich jeden Tag verzweifelt an einen Baumstamm klammern, der einen wilden Strom mit vielen Felsen und Untiefen hinuntertreibt. Ich habe überhaupt keine Kontrolle mehr und kann nur mit Mühe den Kopf über Wasser halten, um irgendwie die nächsten Stromschnellen zu überstehen."

Hast du dich schon mal so gefühlt? Wenn ja, dann weißt du, dass man in solchen Zeiten nicht gerade ausgefeilte Fürbitten formuliert.

Was können wir tun, wenn wir unbedingt mit Gott sprechen sollten, aber aus irgendeinem Grund nicht die richtigen Worte finden?

Ich will dir zwei ermutigende Dinge in Erinnerung rufen und einen genialen Hack verraten.

Zuerst die ermutigenden Dinge.

In der Bibel wird den Gläubigen versprochen, dass der auferstandene Jesus „alle vollkommen retten kann, die durch ihn zu Gott kommen. *Er, der ewig lebt, wird nie aufhören, für sie einzutreten*" (Hebräer 7,25; NGÜ, Hervorhebung des Autors; siehe auch Römer 8,34 und 1. Johannes 2,1). Lies diesen Vers im Hebräerbrief noch einmal ganz langsam. Dort steht etwas Erstaunliches: Jesus betet ständig für dich. Er betet *in diesem Augenblick* für dich und auch in jedem Augenblick, in dem dir die Worte fehlen!

Das ist noch nicht alles. Es wird noch besser. Der Apostel Paulus schreibt über den Heiligen Geist: „Wie wertvoll ist uns dabei die Gewissheit, dass der Heilige Geist uns beisteht, wenn uns die Kraft verlässt oder die Geduld ausgeht. Er tritt mit unaussprechlichen Seufzern für uns ein. Und Gott, der unser Herz ganz genau kennt, weiß, was der Geist für uns erreichen möchte, wenn er beim Vater für uns eintritt" (Römer 8,26–27; Willkommen daheim).

Während dieser anstrengenden Phase meines Lebens, die ich gerade erwähnte, hatte ich oft keine Kraft mehr und auch keine Geduld. Eines Tages hörte ich mich selbst flüstern: „Bitte, Gott ..."

Fertig. Das war alles – es kam noch nicht einmal das übliche „Amen". „Bitte, Gott ..." war alles, wozu ich in der Lage war.

Später ertappte ich mich dabei, wie ich diesen Satz noch einmal murmelte ... und noch einmal. Schon bald merkte ich, dass ich diese beiden Worte unbewusst den ganzen Tag über wiederholte. Dieses Gebet kam völlig unbeabsichtigt aus mir heraus. Irgendwie automatisch. Ich bin mir sicher, dass Paulus genau das in seinem Brief an die Gemeinde in Rom meinte – ein vom Heiligen Geist gewirktes, vom Geist geführtes Stöhnen aus der Tiefe eines Herzens, das zu verwirrt und müde war, um mehr von sich zu geben.

Aber was bedeutete es? Manchmal denke ich, mein Seufzen war eine Abkürzung für „Gib mir die Kraft, den nächsten Schritt zu tun." Bei anderen Gelegenheiten bedeutete es: „Schenk mir Frieden in all dem Chaos." „Bitte, Gott ..." „Bitte,

Gott …" Es kam ganz ungekünstelt und ungezwungen aus mir heraus, das perfekte Gebet für jede Gelegenheit.

Während dieser Zeit der zehntausend „Bitte, Gott"-Gebete musste ich der gleichen Wahrheit ins Auge sehen, die auch der große John Bunyan einmal entdeckt hatte: „Es ist besser, in das Gebet ein Herz ohne Worte zu legen als Worte ohne Herz."

Außerdem habe ich unbewusst eine alte geistliche Übung befolgt (oder einen Hack, wenn du so willst). In der Antike bezeichnete man dies in der orthodoxen Kirche als „Atemgebet" oder auch „Herzensgebet".

Was ist ein Atemgebet? Es ist eine kurze Bitte an Gott, die aus der Tiefe der Seele kommt und immer wieder rhythmisch wiederholt wird, so wie das Atmen. Beim Atemgebet ist es, als würden wir Stress oder Angst oder Unglauben ausatmen und die Tatsache, dass Gott uns nah ist und dass er gut ist, einatmen. Mit dem Atemgebet versuchen manche Christen, dem biblischen Gebot nachzukommen, dass wir „allezeit beten" sollen (1. Thessalonicher 5,17).

Das bekannteste Atemgebet ist das „Jesusgebet": „Herr Jesus Christus, Sohn Gottes, hab Erbarmen mit mir."[1] Beim Einatmen spricht der Betende die erste Hälfte des Satzes – „Herr Jesus Christus, Sohn Gottes …", und beim Ausatmen spricht er dann den zweiten Teil der kurzen Bitte – „hab Erbarmen mit mir". Ziel ist, wie bei allen geistlichen Übungen (oder Hacks), nicht die gedankenlose Wiederholung, sondern die bewusste Erkenntnis der Wahrheit dieser Aussage. Dieses Gebet hilft dabei, sich daran zu erinnern, dass Gott bei uns ist und wir unser Herz auf ihn ausrichten und bewusst in seiner Gegenwart leben wollen.[2]

Das Atemgebet ist perfekt für überforderte Gläubige und sprachlose Heilige. Wenn es uns Mühe bereitet, alles, was in unserem Herzen und Leben gerade vor sich geht, in Worte zu fassen, dann finden wir in der Bibel unzählige kurze Sätze, die wir Gott zuflüstern können.

Ein Satz, den ich schon oft verwendet habe, wenn mein Glaube auf schwachen Beinen stand, stammt aus Markus 9,24: „Herr, ich glaube ... hilf meinem Unglauben." Wenn ich mich an Gottes treue Liebe erinnern muss, flüstere ich manchmal: „Herr, deine Liebe ... währt ewig" (aus Psalm 136). Wenn ich müde bin, ist ein Satz aus Psalm 62 hilfreich: „Nur bei Gott ... komme ich zur Ruhe" (Vers 2). Wenn ich Angst habe, kann ich die Gedächtnisstütze aus Psalm 56, Vers 4 beten: „Wenn ich Angst habe ... will ich mich dir anvertrauen." Mein neuestes Lieblingsgebet lautet: „Wohne in mir, Christus ... durch den Glauben" (nach Epheser 3,17).

Wenn du weißt, was du sagen willst, und genau die richtigen Worte findest, dann ist das toll. Bete ruhig lange, ausgefeilte Gebete. Falle aber niemals auf die Lüge herein, Gott würde lange, wortreiche Gebete kurzen Hilfeschreien wie „Bitte, Gott ..." vorziehen, die aus der Tiefe eines Herzens kommen.

Lifehack Nr. 12

Wenn deine Stille Zeit zu langweilig ist

Wie ich schon erwähnt habe, nahm ich während meines ersten Semesters an der Uni an einer Freizeit mit etwa 250 Teilnehmern teil. Damit du kein falsches Bild von mir bekommst, muss ich an dieser Stelle gestehen, dass ich nicht etwa deshalb an dieser Wochenendfreizeit teilnahm, weil ich hungerte und dürstete nach Gottes Gerechtigkeit, sondern wegen der Mädchen.

Das ist traurig, aber wahr. Zum Glück war Gottes Gnade stärker als meine wenig ehrbaren Motive. Auf einem Lagerplatz mit dem Namen Camp Atakapa, den es heute leider nicht mehr gibt, sprach ein Redner namens Dan Hayes über die Beziehung zu Jesus. Je länger er redete, desto mehr keimte in meinem ruhelosen Herzen Hoffnung auf. *Ja!*, dachte ich. *Das ist es! Das will ich haben!*

Ich hatte unzählige Fragen über Gott, Jesus, die Bibel und noch anderes. Als er an meinen weit aufgerissenen Augen erkannte, dass ich mehr darüber wissen wollte, (und er mich wahrscheinlich auch in die richtige Richtung lenken wollte) nahm mich ein älterer Student namens Clayton Hays unter seine Fittiche. Zunächst wollte er sichergehen, dass ich das Evangelium richtig verstanden hatte – die gute Botschaft vom

Leben, dem Tod und der Auferstehung Jesu. Dann zeigte er mir, wie man einen „Termin mit Gott" wahrnimmt (was viele Christen auch als „Stille Zeit" bezeichnen).

„Mach dir nicht zu viele Gedanken darüber", sagte mein weiser älterer Freund. „Wir sprechen hier einfach nur von einer konzentrierten Unterhaltung mit Gott, zehn bis zwanzig Minuten am Tag, am besten morgens. Die Unterhaltung besteht aus zwei Teilen: Du hörst auf das, was Gott dir durch die Bibel sagen will, und dann sprichst du im Gebet mit ihm. Du liest einen Abschnitt in der Bibel, und dann antwortest du Gott, indem du ihm sagst, was du auf dem Herzen hast, und ihn bittest, in dir und durch dich zu leben."

Kannst du dir vorstellen, dass diese einfache Übung augenblicklich der Höhepunkt meines Tages wurde? Ehrlich. Mindestens zwei Monate lang war ich jeden Abend wie ein kleines Kind am Weihnachtsabend, das vor lauter Vorfreude auf den nächsten Morgen viel zu aufgedreht ist, um einzuschlafen! Eine Stille Zeit bzw. Gebetszeit zu haben war einfach klasse!

Bis es das nicht mehr war.

Ich weiß nicht mehr genau, wann die Faszination nachließ, aber spätestens in den Ferien merkte ich, dass „Zeit mit Gott zu verbringen" genauso aufregend war, wie Wäsche zu waschen. An manchen Tagen war ich in meiner Stillen Zeit unheimlich still – so still, dass ich einschlief. Und wenn ich nicht einschlief, saß ich da und fragte mich: *Was mache ich hier eigentlich?* Schade, dass mir damals niemand verriet, welche schlauen Dinge Frank Laubach zu diesem Thema zu sagen hatte: „Wenn du deine Zeit mit Gott satt hast, hat Gott sie wahrscheinlich genauso satt."

Es zeigte sich, dass ich gar nichts falsch machte. In seinem Klassiker *Dienstanweisungen für einen Unterteufel* beschreibt C. S. Lewis dieses ganz normale Phänomen, das ich erlebte. Wenn Menschen eine Beziehung mit Jesus anfangen – oder den Glauben wiederentdecken –, so schreibt er, erleben sie eine Welle von Emotionen und geistlichem Enthusiasmus. Es ist fast so, als würde man sich verlieben. Das Herz ist mit warmen, zärtlichen Gefühlen für Gott erfüllt, und der Verstand tut sich schwer, sich auf irgendetwas anderes zu konzentrieren. In solchen Zeiten sehen wir geistliche Übungen nicht als Pflicht. Ganz im Gegenteil. Wir sehnen uns sogar danach, Zeit mit Gott zu verbringen – wir empfinden eine Art heilige Sehnsucht. Durch Anbetung, Gebet oder das Lesen in der Bibel in Gottes Gegenwart zu kommen, ist etwas Wunderbares, keine harte Arbeit.

Aber, so schreibt Lewis, Gott entzieht den Gläubigen, „wenn auch nicht in Wirklichkeit, so doch wenigstens für ihre bewusste Erfahrung, alle jene Stützen und Reizmittel. Er lässt das Geschöpf auf seinen eigenen Füßen stehen, damit es aus eigenem Willen die nun aller Reize entblößten Pflichten erfülle."[1]

Oder mit anderen Worten: Dass die Leidenschaft, die wir für Jesus, den christlichen Glauben und die Stille Zeit empfinden, abebbt, gehört zum ganz normalen Prozess des geistlichen Wachstums hinzu. Denke einmal über Folgendes nach: Wenn die Beziehung zu Jesus ein Dauerrausch mit nie endender Gänsehaut wäre, wozu bräuchten wir dann Glauben?

Wenn dir deine Stille Zeit öde und langweilig vorkommt, brauchst du kein geistliches Feuerwerk (und es hilft ganz sicher nicht, damit komplett aufzuhören!). Was du brauchst, ist ein kreativer Hack, ein Tempowechsel.

Hier sind drei praktische Tipps, wie du deinen Zeiten mit Gott wieder neues Leben einhauchen kannst:

- 1. *Ändere deine Erwartungen.* Denke daran, dass es bei der Zeit mit Gott nicht darum geht, soundso viele Bibelverse zu lesen oder soundso lange zu beten. Und der Sinn der Sache ist auch nicht, sich emotional aufzuheizen. Bei der Stillen Zeit geht es einfach nur darum, bewusst in Gottes Gegenwart zu sein. Behalte diesen Gedanken im Hinterkopf, und lies, schreibe oder sage das nächste Mal, wenn du Zeit mit Gott verbringst, kein Wort. Sitze einfach nur zehn oder fünfzehn Minuten ganz still da. Dein einziges Ziel in dieser Zeit? Mit offenen Augen und Ohren auf Empfang zu sein. Tu das, und du hast eine wunderbare Stille Zeit, egal, ob du irgendetwas *fühlst* oder nicht.

- 2. *Begib dich in eine andere Umgebung.* Ganz praktisch ausgedrückt: Geh mit deiner Bibel auf den Balkon, die Terrasse oder in den Garten, wenn du normalerweise drinnen sitzt. Oder noch besser: Unternimm einen „Gesprächsspaziergang" mit Gott durch dein Viertel, setz dich ins Auto, und fahre ins Grüne, oder suche dir eine offene Kirche, und genieße die Stille darin.

- 3. *Ändere das Programm.* Wenn du normalerweise abends vor dem Schlafengehen in der Bibel liest und betest, dann mach es doch mal wie Jesus, und steh ganz früh morgens auf (Markus 1,35). Geh nach draußen, und lausche, wie die Natur langsam zum Leben erwacht. Denke darüber nach, wie groß und gut Gott ist. Denke darüber nach, wie nah er dir ist (auch wenn du gerade das Gefühl hast, dass er nicht da ist).

- Verbring deine Stille Zeit damit, dir ein paar Anbetungslieder auf dem Handy oder dem Computer anzuhören. Sing leise mit (oder laut, wenn du allein bist oder so gut singen kannst wie Adele oder Robbie Williams).
- Benutze mal eine andere Bibelübersetzung (oder eine moderne Übertragung der Bibel).
- Statt erst in der Bibel zu lesen und dann zu beten, versuch doch mal beides gleichzeitig zu tun: Bete Gottes Wort zu Gott. Formuliere zum Beispiel einen Psalm für deine Lebenssituation um, und sprich ihn als Gebet zu Gott. Oder mach dir die wunderbaren Gebete von Paulus in Epheser 1 bis 3 zu eigen.
- Oder wie wäre es damit: Nimm eine Geschichte aus den Evangelien – zum Beispiel die Geschichte von Jesus, als er während des Sturms mit seinen Jüngern im Boot unterwegs ist (Matthäus 8,23–27, Markus 4,35–41, Lukas 8,22–25). Aber *lies* sie nicht nur, sondern *erlebe* sie *mit*. Versetz dich in die Geschichte, in das Boot und in den Sturm hinein. Schließe die Augen. Kannst du die Gischt spüren? Spürst du, wie langsam die Angst in den Herzen der Jünger aufsteigt, als die Böen immer stärker und die Wellen immer höher werden? Schau zu, wie Petrus und die anderen Jesus wachrütteln. Achte darauf, was Jesus tut. Höre genau auf seine Worte. Und dann achte einmal darauf, was dieses Erlebnis in und mit dir macht.
- Versuche, deine Gedanken, Gefühle, Ängste und Gebete ehrlich aufzuschreiben, wenn du das für gewöhnlich nicht machst. Du wirst erstaunt sein, welche tiefschürfenden Dinge da ans Licht kommen, wenn du dir erlaubst, alles, was dir auf der Seele liegt, unzensiert aufzuschreiben. Wenn du Angst hast, dass jemand deine geheimen

Geständnisse entdecken könnte, dann schreib sie in eine Datei auf deinem Computer, und speichere sie passwortgeschützt.

- Suche dir einen kurzen Bibelvers heraus, und verbringe zehn Minuten damit, ihn auswendig zu lernen. (Lies ihn immer wieder. Sage ihn dir immer wieder auf, bis du ihn auswendig aufschreiben kannst.) Lass ihn dir noch mal zehn Minuten durch den Kopf gehen. Denke über seine Bedeutung nach – was sagt er über Gott, über dich und über die Situation aus, in der du gerade steckst?

Wenn es stimmt, was ein altes Sprichwort sagt, dass Vielfalt die Würze des Lebens ist, dann kann ein wenig Vielfalt in deiner Stillen Zeit mit Gott ganz sicher deinem geistlichen Leben ein wenig Würze verleihen. Sehnst du dich nach mehr Leidenschaft für deine Zeit mit Gott? Dann probiere doch immer mal wieder etwas Neues aus!

Lifehack Nr. 13

Wenn du das Gefühl hast, jemanden unbedingt retten zu müssen

Der Name des Anrufers war Donnie Bryant. Er stecke in großen Schwierigkeiten, sagte er, weil kein einziger Christ ihm helfen wolle. Und jetzt, so Bryant, würde er sich das Leben nehmen und von einer Brücke springen.

Mir blieb für einen Augenblick das Herz stehen ... und dann fing es an zu rasen. Ich war ein 21-jähriger, frisch gebackener Jugendpastor und noch grün hinter den Ohren. Niemand hatte mich je auf eine solche Situation vorbereitet.

Der verzweifelte Anrufer warf mit Bibelversen über Nächstenliebe nur so um sich. Er schimpfte über die Heuchler in der Kirche. Je länger er sprach, desto mehr bekam ich das Gefühl, dass das Ganze meine Schuld war und dass ich etwas unternehmen musste. *Was ist, wenn ich nichts tue und der Kerl springt in den Mississippi? Herr, zeig mir, was ich tun soll! Hilf mir, ihn zu retten!*

Während ich still für ihn betete, kam ich gar nicht auf die Idee, dass dieser Mann mich nur ausnutzen wollte. Donnie Bryant hatte ein williges Opfer gefunden.

Ich schäme mich, es zuzugeben, aber in weniger als einer Stunde hatte dieser wortgewandte Fremde mich dazu überredet, 1. ihn im Foyer eines der teuersten Hotels in Baton Rouge zu treffen[1] und 2. mit ihm zu meiner Bank zu fahren, 300 Dollar abzuheben und sie ihm zu „leihen".

Als ich ihn wieder vor dem todschicken Hotel absetzte, lächelte er. (Wenn ich zurückdenke, dann kommt es mir so vor, als sei es ein Grinch-mäßiges Lächeln gewesen.) Ich sei der erste Christ, der ihm je geglaubt hätte, sagte er. Wenn ich in drei Stunden wiederkäme, würde er mir das Geld bis auf den letzten Cent zurückzahlen, versprach er.

Während ich diese peinlichen Einzelheiten erzähle, kann ich nur den Kopf schütteln. Muss ich wirklich sagen, wie die Geschichte ausging?

Andererseits habe ich es ja gerade getan.

Etwas in uns liebt es, den Helden zu spielen. Wir wollen nicht nur das Gesicht wahren oder unsere Haut retten, wir wollen die Lage, die Jungfer in Nöten oder auch gleich die ganze Welt retten. Wir Menschen versuchen, fast alles zu retten – ausgesetzte Hunde, gestrandete Wale, einen missglückten Deal, alte Häuser und Autos, selbst eine schädliche Beziehung, der man eigentlich den Gnadenstoß versetzen müsste.

Ich glaube, das ist auch der Grund, warum wir uns so gern Superheldenfilme wie *Iron Man* und *Wonder Woman* anschauen. Deshalb wünschen sich die meisten Männer im Stillen – oder auch im nicht so Stillen –, sie wären Jason Bourne oder Ethan Hunt. Im besten Fall (wie bei den taiwanesischen Tauchern, die die Jungen-Fußballmannschaft aus der Höhle gerettet haben) erinnert uns dieser Wesenszug auf wunderbare Art daran, dass wir nach dem Ebenbild eines mitfühlenden Gottes erschaffen wurden, der auf diese Welt gekommen ist, um die Verlorenen zu suchen und zu retten. Schlimmstenfalls wird dieser Wunsch aber verzerrt und entstellt. Dann sind wir nicht mehr mit der uns zugedachten Rolle als Verwalter dieses Planeten zufrieden. Nein, wir wollen die Hauptrolle spielen und die Retter sein.

Diese Gier danach, den Ruhm für etwas einzuheimsen, lässt sich bis in den Garten Eden zurückverfolgen – zurück zum ursprünglichen Verlangen der Menschen, wie Gott zu sein. Es genügte nicht, dass Gott Adam und Eva wichtige Aufgaben anvertraut hatte. Sie starrten den Baum der Erkenntnis von Gut und Böse an, der mitten im Garten stand, und dachten: *Das ist unser Schlüssel zum Ruhm. Wenn wir erst einmal von diesem Baum gegessen haben, wissen wir alles, was Gott weiß. Wir müssen uns nicht länger an ihn wenden, damit er uns rettet. Wir werden uns selbst retten können. Und die anderen, die irgendwie in Schwierigkeiten stecken, gleich mit.*

Bei manchen Menschen ist dieser Retterkomplex stärker ausgeprägt als bei anderen. Der folgende kleine Test kann dir dabei helfen, herauszufinden, wie stark du infiziert bist:

☐ Du lässt dir von Trickbetrügern, die die Bibel für ihre Zwecke missbrauchen, ein schlechtes Gewissen machen und gibst ihnen 300 Dollar.[2]

☐ Du fühlst dich ständig zu Menschen hingezogen, die in emotionaler Hinsicht wie schwarze Löcher oder Fässer ohne Boden sind.

☐ Es bringt dich fast um, auf eine Bitte um Unterstützung Nein oder „Tut mir leid, ich kann nicht" zu antworten (auch wenn dir selbst das Wasser schon bis zum Hals steht).

☐ Du lässt dich oft auf lange Diskussionen mit deinen

Kollegen (oder Fremden im Internet) ein – auch wenn völlig klar ist, dass sie deine religiösen oder politischen Überzeugungen nicht teilen.
- ☐ Dir ist fast *jedes Mittel recht* – auch Schuld- oder Schamgefühle, Manipulation, Nötigung oder die Wahl eines Volksverhetzers oder Scharfmachers –, um Menschen dazu zu bringen, das zu tun, was du glaubst, dass sie tun sollten.
- ☐ Du versuchst ständig, deinen Partner zu ändern – obwohl alle bisherigen Versuche erfolglos, unerwünscht und die Ursache von vielen Problemen waren.
- ☐ Du eilst deinen Kindern immer zu Hilfe, wenn sie eine Dummheit begangen haben.
- ☐ Du versuchst, deine Freunde oder die Mitglieder deiner Gruppe vor den Folgen ihrer falschen Entscheidungen zu bewahren – und du bist im Stillen davon überzeugt, dass es dein Fehler ist, wenn sie falsche Entscheidungen treffen.

Falls du zwei Kreuze gemacht hast: Das ist schon zu viel. Du hast drei oder vier? Dann vermute ich, dass du die meiste Zeit müde, gestresst und frustriert bist. Sechs bis acht Kreuze? Du brauchst nur noch einen Umhang und einen Agenten, dann kannst du die Hauptrolle in deiner eigenen Superheldenserie spielen.

An zwei Dingen ist nicht zu rütteln: 1. Es ist schrecklich, mitansehen zu müssen, wenn Menschen leiden oder in Gefahr sind. 2. Es ist toll, wenn du dich danach sehnst, dass es ihnen wieder besser geht und dass sie in Sicherheit sind. Aber es ist *nicht* deine Aufgabe, Gott zu spielen. Diese Aufgabe ist zu groß für uns. Das können wir gar nicht. Während unsere stümperhaften Versuche, Menschen zu retten (meist nach dem Zuckerbrot-und-Peitsche-Prinzip), manchmal zu vorübergehenden Verhaltensänderungen führen, hat nur der allmächtige Gott die Weisheit und Macht, Menschen wirklich vollständig wieder hinzukriegen. Nur er kann innere Heilung und eine dauerhafte Veränderung bewirken.

Was ist also der passende Hack, wenn wir merken, dass wir versucht haben, Gottes Rolle im Drama des Lebens zu spielen?

Wir müssen das „Skript" noch einmal lesen und anfangen, die Rolle zu spielen, die uns zugewiesen ist.

Diese Rolle ist nicht die des „Retters" (diese Rolle hat jemand inne, der besser dafür geeignet ist). Wir sind nur Nebendarsteller. Wenn wir mit offenen Augen durchs Leben gehen, werden wir merken, dass sich uns jeden Tag die Möglichkeit bietet, Familienmitglieder, Freunde, Nachbarn und Fremde zu *lieben* – aber nicht sie zu retten. Unsere Rolle besteht darin, ihnen nahe zu sein und unser Herz und unser Leben für sie zu öffnen – und in manchen Situationen, aber auch nicht immer, unseren Geldbeutel. Unsere Aufgabe ist es, Anteil zu nehmen, Fragen zu stellen, mitfühlend zuzuhören, leidenschaftlich zu beten und sie mit Gottes Guter Nachricht bekannt zu machen. Manchmal bekommen wir die Gelegenheit zu einer kleinen, vom Heiligen Geist geleiteten Improvisation, wie zum Beispiel, ihnen einen Spiegel vorzuhalten, ihnen dabei zu helfen, falsche Einstellungen zu hinterfragen, oder schnell mal eine hart erarbeitete Erkenntnis weiterzugeben.

Meist besteht unsere Rolle aber darin, verletzte Menschen auf den Einen hinzuweisen, der sie *wirklich* retten kann.

Ich bete, dass das inzwischen jemand für Donnie Bryant tut. Und wie cool wäre es, wenn er das nach all den Jahren inzwischen für jemand anderen tut?

Lifehack Nr. 14

Wenn du deinen Glauben mal einem Gesundheitscheck unterziehen solltest

Ich kenne niemanden, der gern zu Routineuntersuchungen geht. Das liegt wahrscheinlich daran, dass bei Gesundheitschecks immer eine Unmenge nerviger Fragen gestellt werden.

- Beim Arzt: „Wie wäre es, wenn wir uns mal auf die Waage stellen, um zu sehen, was wir wiegen?"[1]
- Beim Finanzberater: „Wie läuft es denn mit dem Haushaltsplan, den wir im Januar aufgestellt hatten?"
- Beim Zahnarzt: „Verwenden Sie regelmäßig Zahnseide?"[2]
- Beim Automechaniker: „Wussten Sie, dass Ihr Zylinderkopf undicht ist?" – „Nein. Meinen Sie, wir können noch ein paar Monate warten, bis wir das reparieren?" – „Das kommt darauf an: Sind Sie Mitglied im ADAC?"

Nein, solche Untersuchungen kann niemand leiden. Das ist auch der Grund, warum so viele Menschen nicht gern zur Schule gehen: Die Schule ist im Grunde ein ständiger, nicht enden wollender Test – jeden Tag, jede Woche, jeden Monat, jedes Jahr.

In der Schule bestehen die Tests manchmal aus mündlichen Fragen. (Kannst du dich noch an den Lehrer erinnern, der am Beginn jeder Stunde eine Wiederholung der letzten gemacht hat? Erinnerst du dich daran, wie du dich immer hinter deinem Vordermann versteckt hast? Weißt du noch, dass du immer Stoßgebete nach oben geschickt hast, damit der Lehrer dich nicht sieht, nicht aufruft und vor allen bloßstellt?)

Aber Schultests sind häufiger schriftlicher Natur: ein Vokabeltest in Französisch, eine Klausur in Bio oder eine Klassenarbeit in Deutsch. In anderen Fächern werden keine expliziten Fragen gestellt, aber unsere Leistung wird dennoch unter die Lupe genommen: Wie viele Liegestütze schaffst du in der Minute? Kannst du eine fünfminütige Motivationsrede halten, die die Leute mitreißt und herausfordert?

Warum stehen Akademiker so auf Fragen? Sie würden diese Frage wahrscheinlich mit einer anderen Frage beantworten: Wie könnte man sonst feststellen, wo ein Schüler lerntechnisch steht? Fragen zeigen, wie viel jemand verstanden und verinnerlicht hat. Und wenn man gute Fragen geschickt einsetzt, kann man Schüler sogar dazu motivieren, noch weiter und tiefer in den Lernstoff vorzudringen.

Vor ein paar Jahren ist mir aufgefallen, wie viele Fragen Jesus während der kurzen Zeit seines öffentlichen Dienstes stellte.³ Egal, welches Kapitel ich in den Evangelien lese: Überall bekomme ich mit, dass er seine Schüler (seine Jünger) einer mündlichen Prüfung unterzieht. (Manchmal prüfte er sogar die, die ihn überprüfen wollen!)

Mir ist aber noch etwas aufgefallen: Jesus stellte keine

nichtssagenden Konversationsfragen. Er stellt knallharte, konfrontative Fragen.

Als ich das bemerkte, fiel mir noch eine dritte Sache auf: Jedes Mal, wenn ich auf eine besonders bohrende Frage stieß, versuchte ich, ihr auszuweichen. Ich tat so, als ginge sie mich nichts an, und suchte dann hektisch nach dem nächsten Vers, hinter dem ich mich verstecken konnte. Fazit? Ich wollte nicht, dass Jesus in meinem Herz herumstocherte.

Es ist eine Sache festzustellen, dass man einen zu hohen Cholesterinspiegel hat, aber eine ganz andere zu bemerken, dass in der eigenen Seele Chaos herrscht.

Mit der Zeit fiel mir noch eine vierte Sache bei den Fragen auf, die Jesus stellte: Sie sind voller Leben und Kraft (Hebräer 4,12). Man kann sie vielleicht eine Weile lang ausblenden, aber man kann ihnen nicht ewig ausweichen. Sie werden dich verfolgen. Letztlich holen sie dich ein und nageln dich fest.

Es dauerte eine Weile, aber letzten Endes gab ich klein bei. Ich stellte mich der Wahrheit, dass *geistliche* Checks (genau wie alle anderen Überprüfungen) gut sind – auch wenn sie nicht wirklich Spaß machen. In der Folge las ich die Evangelien noch einmal gründlich und schrieb 31 der bohrendsten Fragen von Jesus auf – eine für jeden Tag des Monats. Dann ließ ich mich von Jesus regelmäßig prüfen.

Hier ein Auszug aus meiner Liste – es sind genügend Fragen, damit du mit diesem hilfreichen Hack anfangen kannst:

1. *„Für wen hältst du mich?"* Markus 8,29
2. *„Was hast du denn davon, wenn dir die ganze Welt zufällt, du selbst dabei aber deine Seele verlierst? Du kannst sie ja nicht wieder zurückkaufen."* Matthäus 16,26

3. „*Liebst du mich?*" Johannes 21,16
4. „*Willst du gesund werden?*" Johannes 5,6
5. „*Wo ist denn dein Glaube?*" Lukas 8,25
6. „Warum nennst du mich dauernd ‚Herr!', wenn du doch nicht tust, was ich sage?" Lukas 6,46
7. „*Warum hast du Angst? Vertraust du mir so wenig?*" Matthäus 8,26
8. „*Warum siehst du jeden kleinen Splitter im Auge deines Mitmenschen, aber den Balken in deinem eigenen Auge bemerkst du nicht?*" Matthäus 7,3
9. „*Warum schläfst du?*" Lukas 22,46
10. „*Warum verlangt ihr nach einem Beweis? Was seid ihr nur für eine Generation?*" Markus 8,12
11. „*Wenn ich euch die Wahrheit sage, warum glaubt ihr mir dann nicht?*" Johannes 8,46
12. „*Wer von euch kann dadurch, dass er sich Sorgen macht, sein Leben auch nur um einen einzigen Tag verlängern?*" Matthäus 6,27 (NGÜ)
13. „*Du willst für mich sterben?*" Johannes 13,38
14. „*Was soll ich für dich tun?*" Markus 10,51

Und hier meine Aufforderung: Beschäftige dich in den nächsten zwei Wochen jeden Tag mit einer dieser Fragen von Jesus. Lies sie gründlich – im Kontext des Kapitels bzw. Abschnitts, in dem sie steht. Denke gründlich darüber nach. Beantworte sie ehrlich, und sprich mit Gott über deine Antwort. Und dann achte einmal darauf, was in deinem Leben passiert.

Wenn du dich in geistlicher Hinsicht halbtot fühlst, dann kommt dir die Beschäftigung mit diesen 14 Fragen (und allen anderen, die Jesus stellt) vermutlich so vor, als würde man dich mit einem Defibrillator bearbeiten. Manchmal lese ich meine tägliche Frage und verspüre das dringende Verlangen, mich auf mein Recht zu berufen, die Aussage zu verweigern! Eine *ehrliche* Antwort würde mich nämlich zu sehr belasten, denn sie würde zeigen, wie schlimm es wirklich in mir aussieht. Doch obwohl ich mich bei diesen Fragen oft winde: Manchmal sind sie auch ausgesprochen tröstlich. Während die Wahrheit der Frage mich einerseits bloßstellt, hüllt mich andererseits die Gnade des Fragestellers in eine wärmende Decke. (Wenn ich auf Tätowierungen stehen würde, wären diese Fragen vielleicht genau das Richtige für die Innenseite meiner Augenlider.)

Wer hätte gedacht, dass ein geistlicher Gesundheitscheck eine so segensreiche Sache sein kann? Was sich zunächst wie ein Verhör anfühlt, ist in Wahrheit der notwendige erste Schritt zur Veränderung.

Lifehack Nr. 15

Wenn dein Herz erfüllt ist (aber nicht mit den besten Dingen)

Es passiert vielleicht mit schöner Regelmäßigkeit: Du scrollst durch deinen Newsfeed auf Facebook, Instagram und Co. und entdeckst ein Bild, das nicht nur schön, sondern umwerfend ist. Dir bleibt der Mund offen stehen. So stellst du dir den Garten Eden vor, als die Welt noch in Ordnung war, bevor die „große Katastrophe" alles ins Unglück gestürzt hat.

Vielleicht ist auf dem Bild eine Hochzeitsgesellschaft auf einer von Kerzen erleuchteten Wiese bei Sonnenuntergang zu sehen. Alle tanzen fröhlich, die Kamera nehmen sie gar nicht wahr. Sie sind trunken von dem unbeschreiblichen Glück des Augenblicks. Ein paar Tage später ist es ein anderes, aber doch in gewisser Weise ähnliches Foto – ein lächelndes Baby, das in den starken Armen seines dösenden Vaters schläft.

Die Bildunterschrift ist bei beiden Fotos die gleiche und sagt eigentlich alles: „Mein Herz ist so erfüllt von Glück!"

Und seien wir ehrlich: Es gibt nichts Besseres als ein Herz, das so von Glück erfüllt ist!

Die Menschen, denen ich begegne, sind mit allen möglichen Dingen „erfüllt": Manche sind mit Bösem erfüllt, und ich muss gestehen, dass mein Leben viel zu oft mit mir und meinen eigenen Bedürfnissen erfüllt ist, was auch nicht viel besser ist. Ich kenne viele Menschen, die mit heißer Luft, Blödsinn und Quatsch erfüllt sind (und manche von ihnen würden das Gleiche zweifellos auch von mir behaupten), und vermutlich geht es dir da ähnlich. Ich lächle über jüngere Freunde, die so mit Energie erfüllt sind – was etwas Gutes oder etwas Schlechtes sein kann. Ich unterhalte mich auch oft mit älteren Menschen, die mit Bedauern erfüllt sind.

„Mein Herz ist so erfüllt!", ist gewöhnlich ein freudiger Ausruf. Aber es kann auch ein Hilferuf sein. Damit meine ich die Zeiten, in denen ich das Gefühl habe, dass mein Leben und mein Inneres vollgestopft sind – so wie mein Magen nach den Feiertagen oder wenn ich wochenlang Fast Food und Süßkram in mich hineingestopft habe. Du kennst das bestimmt auch: Wenn man ständig „Nervennahrung" zu sich nimmt – die fettige, süße oder salzige Variante –, fühlt man sich irgendwann aufgebläht und unwohl. (Warum bezeichnet man diese Nahrungsmittel eigentlich als Seelentröster, wenn man sich irgendwann alles andere als getröstet fühlt?)

Anschließend würde man am liebsten nur noch gesunde Dinge essen: frische Blaubeeren oder sogar – und du hättest vermutlich nie gedacht, dass du das jemals laut sagen würdest – einen Teller voll Spinat. *Irgendetwas*, das nicht frittiert oder gezuckert ist.

In geistlicher Hinsicht kann es uns genauso gehen, und es kann sich genauso anfühlen. Unser Herz kann zwar voll sein – aber mit den falschen Dingen.

Und dann? Was ist das Heilmittel für Verdauungsstörungen der Seele?

Da ich ja den Vergleich mit den Lebensmitteln schon mal herangezogen habe, kann ich auch gleich dabei bleiben. Manchmal stelle ich mir mein Herz als eine volle Schüssel vor. (Um es mir leichter zu machen, forme ich meine Hände sogar zu Schalen.[1]) Dann überlege ich beim Beten, was diese geistliche Übelkeit verursacht. Genauer gesagt bete ich: „Gott zeige mir, wovon ich erfüllt bin."

Fast immer von ungesundem Kram. Bei einer Gelegenheit ging mir auf, dass meine Seele aufgedunsen ist vor Angst, Wut, Sorge, Unzufriedenheit oder Neid. Ein anderes Mal war sie voller Unglaube und Stolz. Bei wieder anderen Gelegenheiten bin ich mit lauter negativen Haltungen vollgestopft – ich bin kritisch oder verurteilend, bin undankbar, pessimistisch, was die Zukunft anbelangt, oder voller Groll.

Ehrlich gesagt macht dieser Teil des Lifehacks keinen Spaß. Aber gut ist das, was danach passiert.

Ich stelle mir also all den Müll in meinem Herzen vor (in meinen zur Schale geformten Händen), und dann *leere ich ihn aus!* Ich bewege meine Hände tatsächlich so, als würde ich den Inhalt einer Schüssel auf den Boden leeren. Gleichzeitig bekenne ich Gott, wie es in mir aussieht. Das klingt ungefähr so: „Herr, mir ist schlecht – fast schon buchstäblich – von all den Dingen in meinem Herzen [meistens zähle ich sie an dieser Stelle einzeln auf]. Ich danke dir dafür, dass du versprochen hast, denen zu vergeben, die eingestehen, dass sie dich brauchen [das kannst du in 1. Johannes 1,9 nachlesen]."

Dann hebe ich symbolisch die Hände (die mein inzwischen

leeres Herz darstellen) und bitte Gott, sie zu füllen, *mich* zu füllen. „Christus, lebe in mir. Fülle mich mit deinem Heiligen Geist. Erfülle mich mit der ganzen Fülle deines Reichtums" (Epheser 3,17; 5,18; 3,19). Dann denke ich an all das, was ich heute brauchen werde, und bete ungefähr so: „Herr, schenke mir Gnade. Ich könnte dringend etwas Weisheit gebrauchen. Ich bin schwach. Schenke mir deine Kraft. Und Frieden. Ich brauche deinen Frieden heute unbedingt! Und, Herr, das ist noch nicht alles. Fülle mein Herz mit Freundlichkeit, einer Perspektive für die Ewigkeit, Selbstbeherrschung und der Bereitschaft, anderen zu dienen."

Während ich meine Hände weiterhin wie eine Schale nach oben strecke, bete ich noch für konkrete Situationen, mit denen ich gerade konfrontiert bin:

„Schenke mir die Bereitschaft, _____ zu vergeben."

„Schenke mir Mut für das Gespräch mit _____."

„Erfülle mich mit Freude, wenn ich _____."

Diese kleine Übung spiegelt das wider, was D. L. Moody einmal mit den Worten beschrieb: „Ich glaube, bevor wir Gott bitten, uns zu füllen, sollten wir ihn bitten, uns zu leeren. Wir müssen geleert werden, bevor wir gefüllt werden können."

Wir werden doch immer mit irgendetwas gefüllt sein, oder? Wenn unsere Seele mit irgendwelchem Müll gefüllt ist, wird das die Menschen auf Dauer abschrecken. Sollten wir nicht lieber ein von Gott erfülltes Leben führen, bei dem die Menschen innehalten, staunen und anfangen, sich über das Gedanken zu machen, was auch in ihrem Leben möglich sein könnte?

Lifehack Nr. 16

Wenn du nur um dich selbst kreist

Als ich jung war, besaß mein Onkel Ollie eine große Druckerpresse – eine von diesen alten, mit Setzkästen und beweglichen, aus Blei gegossenen Lettern. Dieses Gebilde nahm seine ganze Garage ein, und er druckte damit alle möglichen Kurzgeschichten, Gedichte und inspirierenden Zitate.

Einmal schenkte er mir eine Karte, auf der in großen Buchstaben stand: „Die Zehn Gebote für Teens". Es waren zehn Anweisungen wie diese:
1. Sei ehrlich.
2. Lerne fleißig.
3. Rauche nicht.
4. Sei pünktlich.
5. Gib auf deine Sachen acht.

An den Rest kann ich mich nicht mehr erinnern.

Ich habe diese Anweisungen zwar nirgendwo in der Bibel gefunden, aber sie klangen in meinen Ohren doch ziemlich gut.

Ein anderes Mal gab er mir einen kleinen Stapel Visitenkärtchen, auf denen stand:

Einsam

Gottesfern

Orientierungslos

Irgendwo muss bei mir immer noch eine von diesen Karten herumliegen.[1] Ich habe keine Ahnung, ob Onkel Ollies 3-Worte-Predigt noch jemanden zum Grübeln gebracht hat, aber ich habe viel darüber nachgedacht: *Hmm. Was ist, wenn hinter jedem selbstsüchtigen Handeln letztlich Sünde steckt? Ohne Sünde gäbe es wohl weder Einsamkeit noch Gottesferne und Orientierungslosigkeit.*

Wenn ich das 3. Kapitel des 1. Buches Mose lese, muss ich immer an diese alten Karten denken. Bevor Adam und Eva auf die Lügen der Schlange hereinfielen, hatten sie nie gesündigt, nie egoistisch gehandelt. Ihr Leben drehte sich nur darum, Gott zu lieben und einander zu dienen, sodass ihnen nicht einmal auffiel, dass sie nackt waren!

Doch in dem Augenblick, als sie die verbotene Frucht aßen, änderte sich alles. Ihr Blick richtete sich plötzlich auf sie selbst. Sie wurden auf schmerzliche Weise befangen und griffen auf sündhafte Weise zum Selbstschutz. Dann fingen sie an, kleine Quälgeister in die Welt zu setzen, die genauso waren wie sie: Sie waren selbstherrlich, von sich eingenommen und hielten sich für den Nabel der Welt. Selbstbestimmte und selbstsüchtige Nachkommen, deren Nachfahren wiederum eines Tages Millionen von Selbsthilferatgebern kaufen und Milliarden von Selfies machen würden.

Die traurige und hässliche Wahrheit ist doch: Als die Menschheit sich von Gott abwandte (ihm einen Tritt verpasste, trifft es wohl eher), wurde der Egoismus zu unserer Standardhaltung; er ist sozusagen unsere „Werkseinstellung". Egoismus ist der Grund, warum ich auf einem Gruppenfoto zuerst nach mir selbst suche. Warum ich sofort verärgert bin, wenn das wichtige Fußballspiel, das ich gerade schaue, von irgendwelchen wichtigen Nachrichten unterbrochen wird – nicht aus Sorge um andere. Egoismus ist der Grund dafür, dass ich mich so sehr mit *meinen* Problemen, *meinen* Projekten, *meinem* Leben, *meinen* Rechnungen, *meinen* Kindern, *meinem* dies und *meinem* das beschäftige ... Ach du *meine* Güte!

Die düstere Wahrheit ist: Wenn du und ich uns nicht darum bemühen, diese uns angeborene Neigung zu durchschauen und abzulegen (und uns darum bemühen, all unsere Ich-Gedanken durch Du- und Ihr-Gedanken zu ersetzen), werden wir unsere kurze Zeit hier auf diesem Planeten damit verbringen, uns nur mit unserem ärmlichen Selbst zu beschäftigen.

Und was ist jetzt der Hack? Wie können wir dafür sorgen, dass sich unsere egoistischen Neigungen nicht in ausgewachsenen Narzissmus verwandeln?

Was jetzt kommt, ist sicher nicht der *einzige* Hack dafür, aber es ist ein guter.

Vor ein paar Tagen fuhr ich zu einem Café, um mich dort mit jemandem zu treffen. Obwohl wir uns aus der Gemeinde kannten und auf Facebook befreundet waren, hatten Brooks und ich noch nie ein tiefgehenderes Gespräch geführt.

Wir setzten uns und machten ein wenig Small Talk. Dann hatte ich einen großartigen Impuls – von Gott, wie ich glaubte. Ich platzte heraus: „Ich weiß eigentlich gar nichts über dich. Erzähl mir doch deine Geschichte."

Während der nächsten halben Stunde oder so saß ich gespannt auf meinem Stuhl. Mein neuer Freund erzählte mir, dass er als Kind zum Glauben gekommen war und dann zwei ältere Adoptivbrüder durch Selbstmord verlor. Er sprach von vielen „vergeudeten Jahren" während seiner Schul- und Studienzeit. Er berichtete ehrlich von einer gescheiterten Ehe und einem Autounfall, bei dem seine Eltern ums Leben gekommen waren. Wenn er innehielt, schüttelte er meistens erstaunt den Kopf. Er staunte darüber, mit wie viel Nachsicht Gott ihm vor allem während der Zeit begegnete, als er ein absolut selbstsüchtiges Leben geführt hatte.

Eines fiel mir dabei auf: Während ich ihm meine volle Aufmerksamkeit schenkte, war ich mindestens eine halbe Stunde lang vom schrecklichen Fluch der Selbstsucht befreit! Ich tauchte völlig in die teilweise tragische, aber größtenteils wunderbare Geschichte eines anderen Menschen ein. Und nicht nur das. Mir wurde auch die viel größere und aufregendere Geschichte bewusst, die Gott auf dieser und durch diese Welt erzählt.

Am Ende war ich demütiger. Ich saß an einem stillen Freitagnachmittag da, nippte an meinem ruandischen Java-Tee und musste an jenen wunderbaren Ausspruch denken, der schon so vielen zugeschrieben worden war, von Plato über Philon bis hin zu Ian Maclaren: „Sei gütig, denn alle Menschen, denen du begegnest, kämpfen einen schweren Kampf." Von all den Wahrheiten, die in dieser Welt gesagt wurden, ist das eine der zutreffendsten. Mein Freund Walt Wiley drückt das so aus: „Hinter jedem Gesicht verbirgt sich ein eigenes Schicksal." Als ich das Café verließ, fragte ich mich: *An wie vielen abgekämpften Menschen renne ich wohl vorbei oder lehne sie ab, weil ich so sehr mit meinem eigenen Leben beschäftigt bin?*

Als ich ging, betete ich: *Herr, hilf mir, andere wichtiger zu nehmen, als mich selbst* (Philipper 2,3).

Die Begegnung hat mich *motiviert*, mich öfter mit anderen zu treffen, neuen Freunden in die Augen zu schauen und zu sagen: „Erzähl mir deine Geschichte", und alten Freunden in die Augen zu schauen und zu sagen: „Erzähl mir das neueste Kapitel deiner Geschichte."

Und die Begegnung hat mich *ermutigt*. Brooks' Geschichte hat mich daran erinnert, dass Gott groß und gut ist und unglaubliche Dinge tut. Er verändert überall um uns herum Menschenleben. Aber wir werden diese Wunder niemals sehen, geschweige denn sie feiern, wenn wir nicht den Kopf heben und über unsere eigene Situation hinausschauen.

Hast du nur dein eigenes Leben im Blick? Bist du in deinem EGO gefangen?

Dann trinke doch mal eine Tasse Kaffee mit jemandem, und sage: „Erzähl mir deine Geschichte."

Lifehack Nr. 17

Wenn es dir (emotional) nicht gut geht

Ich wünschte, du könntest meine Freundin Donna kennenlernen.

Sie arbeitet mit Opfern häuslicher Gewalt. Das ist eine Aufgabe, bei der man mit vielen persönlichen Dramen konfrontiert wird und nur wenig Geld verdient. Aber das ist egal. Donna ist ein abenteuerlustiger, lebensfroher Mensch. Und sie ist eine „Sehende". Sie sieht kleine „Nichtigkeiten", die sich zu etwas ganz Großem entwickeln könnten, wenn jemand die Sache ins Rollen bringt. Großzügigkeit ist ihre „Werkseinstellung", und ihre kleinen grauen Zellen sind immer in Aktion. Sie schmiedet ständig irgendwelche Pläne und denkt sich dauernd aus, wie man chronische Probleme lösen könnte. Sie ist aber auch eine „Verbinderin" – sie bringt Menschen, die Mittel und Möglichkeiten haben, mit Bedürftigen zusammen. Es fasziniert mich immer wieder, wie es ihr gelingt, Kindern dabei zu helfen, mit den Schwierigkeiten des Lebens fertigzuwerden. (Kein Wunder, dass sie von ihren unzähligen Nichten und Neffen angehimmelt wird.) In ihrer Freizeit (haha) engagiert sie sich in der Leitung eines erfolgreichen Hilfsprojektes für Familien mit Pflegekindern.

Donna gehört zu den Menschen, die etwas bewirken und

verändern. Aber nicht allzu langer Zeit befand sie sich in einer ganz anderen Lage.

Um es einmal vorsichtig auszudrücken: Donna war ein wandelndes Chaos. Sie war nicht kaputter als wir anderen, sie schleppte einfach nur ihr eigenes Bündel mit sich herum. Sie schien den ganzen Tag entweder gegen Gott oder gegen ihre eigenen Dämonen der Einsamkeit und Sinnlosigkeit anzukämpfen – manchmal auch gegen alle beide. Sie war müde. Wütend. Festgefahren. Ihre Freunde fuhren oft zu der düsteren, deprimierenden Wohnung (*Höhle* wäre eine passendere Bezeichnung), in der sie lebte (*existierte* wäre eine passendere Bezeichnung), um nach ihr zu sehen, und verließen sie jedes Mal entsetzt und sprachlos. Wenn Donna meine Frau anrief, hielt ich immer die Luft an – was nicht einfach war, denn die beiden führten *sehr* lange Telefonate.

Dr. Karl Menninger war einer der führenden amerikanischen Psychiater des 20. Jahrhunderts. Er bemühte sich darum, wie seine Kollegen auch, psychische Erkrankungen von ihrem Stigma zu befreien und sie zu entmystifizieren. Er lehnte zwar konventionelle Behandlungsmethoden nicht ab, war aber für einige seiner unorthodoxen – und auch umstrittenen – Ideen bekannt. Einmal wurde er zum Beispiel gefragt, welchen Rat er jemandem geben würde, der kurz vor einem Nervenzusammenbruch stehe. Seine Antwort verblüffte die Zuhörer. „Verlassen Sie Ihre Wohnung, begeben Sie sich in ein armes Stadtviertel, suchen Sie sich jemanden, der Hilfe braucht, und tun Sie etwas für ihn."

Ein anderes Mal erklärte er diesen Gedanken mit anderen

Worten: „Liebe heilt die Menschen – und zwar beide: denjenigen, der sie gibt, und denjenigen, der sie empfängt."

Und Seelenfrieden? Menninger glaubte, dass dieses seltene Geschenk nur diejenigen erhalten, die sich selbst zurücknehmen und anderen dienen.

Ich weiß nicht, was sie zu ihrer Entscheidung bewog, aber vor ein paar Jahren befolgte Donna unbewusst Dr. Menningers Rat. Sie wandte sich in ihrer trübseligen Stimmung an Gott. Und dann verließ sie ihre Wohnung und machte sich auf die Suche nach Menschen, die Hilfe brauchten.

Eine andere Frau machte sie mit einem jungen Pärchen bekannt, das zwei Söhne hatte; der eine war drei Jahre alt, der andere noch ein Baby. Ich möchte nicht auf die schlimmen Einzelheiten eingehen, sondern nur so viel sagen: Diese kleine Familie hatte alle Probleme, die man nur haben kann. Donna, die damals selbst keine Arbeitsstelle hatte, freundete sich mit ihnen an (gemeinsam mit einigen anderen) und versuchte, ihnen dabei zu helfen, wieder auf die Beine zu kommen. Wenn Not am Mann war, passte sie auf die Kinder auf, während die Eltern Vorstellungsgespräche hatten oder sich mit Sozialarbeitern trafen.

Als das Jugendamt schließlich eingriff, wurde aus Donnas gelegentlichem Babysitten eine Vollzeitpflege für die Jungen. Über ein Jahr lang kümmerte sie sich um die beiden. Und dann kam der Tag, an dem die verzweifelten Eltern Donna die Frage stellten: „Könntest du dir vorstellen, die beiden zu adoptieren?"

Und Donna tat genau das. Heute geht es den Jungen gut – und Donna selbst ist ein völlig anderer Mensch.

Es stellte sich heraus, dass Menninger recht hatte: Liebe hat wirklich eine heilende Wirkung. Denn wenn wir uns selbst und unsere Probleme vergessen, um anderen zu helfen, kommen wir innerlich zur Ruhe.

Eines will ich an dieser Stelle klarstellen: Das soll kein Lifehack für Depressionen sein – als ob es so etwas überhaupt gäbe. (Nur am Rande: Ich hatte selbst schon Depressionen, war in Behandlung und habe Antidepressiva genommen.) Komm nicht auf die Idee – *keinen Augenblick lang* –, dass es ein Heilmittel gegen tiefen emotionalen Schmerz oder selbstzerstörerische Gedanken sei, loszuziehen und zu jemandem nett zu sein.

Depressionen sind eine sehr komplexe und ernsthafte Angelegenheit, die den Erkrankten auf jede nur erdenkliche Weise beeinträchtigen: geistig, emotional, körperlich, sozial. Wenn du den Eindruck hast, dass es dir in dieser Hinsicht zunehmend immer schlechter geht, dann wende dich bitte unbedingt an einen Arzt, und begib dich in professionelle Behandlung. Es *gibt* Fachleute, die dir helfen können, und du musst dich *nicht* schämen, um Hilfe zu bitten: „Mir geht es gar nicht gut. Können Sie mir helfen?"

Was ich aber sagen will, ist, dass es für die psychische Gesundheit und das Wohlbefinden allgemein wichtig ist, den Blick von sich selbst abzuwenden und zu versuchen, ein Segen für andere zu sein. Und das sage nicht nur ich – oder Karl Menninger. Diese Botschaft verbreitet auch die Bibel immer wieder:

- *„Wer freundlich zu anderen ist, hilft sich selbst damit."* Sprüche 11,17

- „Wer anderen Gutes tut, dem geht es selber gut; wer anderen hilft, dem wird geholfen." Sprüche 11,25
- „Teilt euer Brot mit den Hungrigen, nehmt Obdachlose bei euch auf, und wenn ihr einem begegnet, der in Lumpen herumläuft, gebt ihm Kleider! Helft, wo ihr könnt, und verschließt eure Augen nicht vor den Nöten eurer Mitmenschen! Dann wird mein Licht eure Dunkelheit vertreiben wie die Morgensonne, und in kurzer Zeit sind eure Wunden geheilt." Jesaja 58,7–8
- Glücklich sind, die Barmherzigkeit üben, denn sie werden Barmherzigkeit erfahren." Matthäus 5,7
- „Gebt, was ihr habt, dann werdet ihr so überreich beschenkt werden, dass ihr gar nicht alles aufnehmen könnt." Matthäus 6,38
- „Geben macht glücklicher als Nehmen." Apostelgeschichte 20,35

Meine Freundin Donna würde zu all diesen Versen „Amen" sagen. Sie kennt die heilende Kraft der Liebe aus eigener Erfahrung.

Lifehack Nr. 18

Wenn du es satt hast, etwas vorzutäuschen

Wir sind Teil einer Gesellschaft, die nicht weiß, was sie will.

Einerseits hören wir uns auf YouTube irgendwelche herausfordernden Vorträge an, in denen man uns drängt: „Sei echt! Sei authentisch! Mach dich verletzlich! Erzähl die Wahrheit über dich. Scher dich nicht darum, was alle anderen von dir wollen, sondern zeige dein wahres Ich. Sei du selbst!" Das ist eine verlockende Botschaft. Sie klingt so schlicht und einfach. Unser erschöpftes Herz schreit: „Ja!", weil wir wissen, wie ermüdend es sein kann, Masken zu tragen.

Aber sobald wir das gute alte YouTube wegklicken, schlägt uns sofort jemand eine andere Botschaft um die Ohren. Im Kern besagt sie ungefähr Folgendes: „Ein authentisches Leben zu führen ist zwar ein hehres Ziel, ja, wirklich nett, aber viel wichtiger ist doch deine Marke (es sei denn, Authentizität *ist* dein Markenzeichen). Authentisch zu sein ist eine feine Sache. Aber jeder weiß doch, dass Image alles ist. Wenn du zu ehrlich bist, interessieren sich die anderen vielleicht nicht mehr für dich. Setz also lieber deine Maske auf (und zieh deine Bauch-weg-Wäsche an). Und dann zieh los, und strahle Selbstbewusstsein und

Stärke aus – und lass bloß niemanden merken, wenn du ins Schwitzen gerätst."

So ist die Gesellschaft, in der wir leben. Wir sehnen uns einerseits danach, echt zu sein, und stehen gleichzeitig unter enormem Druck, „jemand zu sein". Da wird man ja verrückt. Das erklärt wahrscheinlich auch, warum ich neulich auf Instagram dieses völlig spontan entstandene Bild gepostet habe, das meine Frau und mich am Meer zeigt. Weil ich Authentizität klasse finde. Allerdings war es die achte Aufnahme, denn auf den sieben davor lagen meine Haare nicht richtig oder ich habe irgendwie komisch gelächelt. Nachdem ich dann noch den Filter mit den warmen Farben angewandt hatte, sah ich auch nicht mehr so blass aus.

Ich werde es sicher nicht schaffen, diese verwirrte Gesellschaft zurechtzurücken. Und es wird mir auch weiß Gott nicht möglich sein, in 1000 Worten oder mehr einen umfassenden Plan darzulegen, wie wir in allen Bereichen unseres Lebens authentischer leben können. Aber vielleicht können wir uns auf eine Sache konzentrieren: *Gott gegenüber aufrichtig zu sein*. Und wenn wir lernen, auf dieser Ebene, in unserem Herzen, aufrichtig zu sein, gelingt uns das vielleicht auch in anderen Bereichen besser.

Man sollte meinen, dass es ein Kinderspiel sein sollte, ehrlich zu Gott zu sein. Immerhin stehen in der Bibel zwei erstaunliche Dinge: 1. Gott weiß alles über uns – die peinlichen, schmutzigen Details, von denen sonst niemand weiß, all die egoistischen Dinge, die wir nächste Woche oder nächstes Jahr abziehen werden ... *alles*; und 2. Gott liebt uns, obwohl er all das weiß – ohne Fußnotensternchen, Anmerkungen und Kleingedrucktes. (Ach, und seine Liebe ist vollkommen und ewig.)

Wenn uns irgendetwas die Freiheit schenken sollte, bei Gott echt und verletzlich zu sein, dann doch diese Fakten, oder? Wenn es nichts gibt, das ihn jemals schockieren wird, und wenn keine unserer Sünden ihn je davon abhalten wird, uns zu lieben, sollten wir uns ihm dann nicht ohne Angst völlig öffnen können? Sollten wir nicht ständig, ohne Scham und voller Freude zu ihm kommen?

Doch es liegt in unserer Natur, uns zu verstecken und Dinge vor ihm zu verbergen (1. Mose 3,7–9). Und nicht nur das: Wir leben auch in einer Welt, in der wir dafür belohnt werden, wenn wir Masken tragen und irgendetwas vortäuschen. Und so verhalten wir uns Gott gegenüber genauso, wie wir uns den anderen gegenüber verhalten. Wir schämen uns. Wir spielen Spielchen und stellen uns dumm. Wir tun so, als hätten wir das offensichtliche Problem nicht bemerkt, während es in großen Lettern in Leuchtreklame an der Wand steht! (Und wir reden uns ein, Gott hätte es auch nicht gesehen.) Wir leugnen, von den Keksen des allmächtigen Gottes genascht zu haben, während wir noch die Krümel von unseren Klamotten wischen.

In der Beziehung zu Gott führen wir also den gleichen seltsamen Tanz auf: Wir kommen ihm nah und weichen zurück … kommen ihm nah und weichen zurück. Wir versuchen, unsere unschönen Eigenschaften zu verbergen, und zeigen uns von unserer besten Seite. Wir versuchen, nicht zu viel auszuplaudern. Weil die Realität manchmal einfach zu … nun ja, zu echt ist, vermischen wir sie mit ein bisschen Fantasie.

Und das ist der Hack: Pack deine Seele am Kragen, und dränge sie, ab jetzt grundehrlich mit Gott zu sein.

Bis vor ein paar Jahren wusste ich nicht einmal, dass es möglich ist, mit der eigenen Seele zu reden. Dann bemerkte ich, dass die Psalmisten genau das tun. Der Verfasser von Psalm 42 und 43 weist seine Seele zunächst zurecht (Was ist los mit dir? Warum regst du dich so auf?) und befielt ihr dann schließlich: „Warte nur zuversichtlich auf Gott!" In Psalm 103 ermahnt David seine Seele wiederholt: „Preise den Herrn, meine Seele" (NGÜ). Nachdem der Verfasser von Psalm 116 fast ums Leben gekommen wäre, streichelt er seine Seele und sagt zu ihr: „Atme tief durch. Gott ist gut, und deshalb kannst du dich jetzt wieder entspannen."

Wenn die Menschen, die in der Bibel mit Gott unterwegs waren, so etwas zu ihrer Seele sagen konnten, sollten wir heutigen Gläubigen dann nicht auch zu unserer Seele sagen können: „Hör auf, so unaufrichtig zu Gott zu sein, und fang an, ihm die Wahrheit über dein Leben zu erzählen"?

Was für eine originelle Idee: dem „Gott der *Wahrheit*" (Jesaja 65,16; NL) die Wahrheit über uns zu erzählen!

Nachdem David sich eine Weile geweigert hatte, mit Gott ins Reine zu kommen – und deshalb das Gefühl hatte, dass er weit von Gott entfernt war –, hatte er eine Offenbarung. Ihm wurde klar, dass Gott sich freut „wenn ein Mensch von Herzen aufrichtig ist" (Psalm 51,8) – oder wie es in der Volx-Bibel heißt: „Ich weiß, dass du es feierst, wenn man ehrlich und authentisch ist."

David hatte das verstanden. Gegen Ende des Buches der Psalmen feierte er das mit diesen Worten: „Der Herr ist denen nahe, die zu ihm beten und es *ehrlich* meinen" (Psalm 145,18; Hervorhebung des Autors).

C. S. Lewis sagte einmal über das Gespräch mit Gott: „Wir müssen das, was in uns ist, vor ihn hinlegen, und nicht das, was in uns sein sollte."[1]

Das ist die richtige Einstellung. Nicht so tun als ob oder sich drücken. Nicht mehr vergeblich versuchen, das, was in unseren Herzen ist, vor dem zu verbergen, den die Bibel als „Herzenskenner" bezeichnet (Apostelgeschichte 1,24; ELB).[2] Einfach ehrlich und aufrichtig sein, bis in unser tiefstes Innerstes.

Ich will dir nichts vormachen: Das ist ein *wirklich* guter Lifehack. Befiehl deiner Seele, Gott die Wahrheit zu sagen, die ganze Wahrheit und nichts als die Wahrheit.

Lifehack Nr. 19

Wenn du nicht weißt, was du sagen sollst

Stimmt es wirklich, dass ein durchschnittlicher Mensch im Laufe seines Lebens 450 Millionen Wörter sagt?
Das behaupten jedenfalls Studien.[1] Und dabei sind all die Wörter, die wir in Texten, E-Mails, Notizen und Briefen oder auf Karten schreiben, noch nicht mitgezählt.
Wenn man unsere extreme Geschwätzigkeit bedenkt, wundert es mich, dass wir 1. nicht mehr über Stimmbandplastiken hören[2] und 2. bei all der Erfahrung im Reden nicht Experten darin sind, in jeder Situation genau zu wissen, was wir sagen sollen.
Leider sind wir aber *keine* Experten darin, in jeder Situation genau zu wissen, was wir sagen sollen. Wir beißen uns oft auf die Zunge und lassen Wichtiges ungesagt. Oder wir neigen zum anderen Extrem: Wir reißen die Klappe auf und sprudeln mit allen möglichen Gedanken heraus, die wir besser für uns behalten hätten.
Welchen Lifehack gibt es für diese Augenblicke in Gesprächen, in denen wir krampfhaft nach den richtigen Worten suchen, obwohl wir schier übersprudeln mit Emotionen wie Angst oder Stolz, Wut oder Liebe, Unsicherheit oder Dankbarkeit?

Der 2007 erschienene Film *Das Beste kommt zum Schluss* handelt von zwei sehr unterschiedlichen Männern, die sich auf der Krebsstation kennenlernen und beschließen, sich noch einige unerfüllte Wünsche zu erfüllen, bevor das Ende da ist. Ihr Vorhaben endet in wilden Abenteuern, aber was noch viel wichtiger ist: auch in einigen dringend notwendigen Gesprächen mit geliebten Menschen. Die zentrale Botschaft des Films, so zu leben, dass man nichts bereut, wird durch den Titelsong „Say" von John Mayer besonders unterstrichen.

Alles, was du über diesen Hit wissen musst, ist: Er fordert uns immer wieder auf, die Dinge zu sagen, die dringend gesagt werden *müssen*.

Es zeigt sich, dass diese einfache Übung auch ein hilfreicher Hack für den generellen Umgang miteinander ist.

Es gibt Situationen, in denen wir lieber gar nichts sagen sollten. Nada. Null. Nix. Wir sollten unseren Mund zukneifen. Wenn zum Beispiel jemand trauert, braucht er Unterstützung und keine schlauen Ratschläge.

Mein Vater starb, als ich in der elften Klasse war. Ich werde nie vergessen, wie meine Freunde Tim und Bill sich in der Schule entschuldigten und zu mir kamen. Ich glaube, sie haben zusammen nicht mal ein Dutzend Worte gesprochen. Das war mir recht. Ihre bloße Anwesenheit sprach Bände.

Genauso braucht ein wütender Partner (oder Kunde oder Kollege) in dir einen Zuhörer und nicht jemanden, der zurückschießt. Denn wenn du deine Krallen ausfährst und auf Wut mit Wut reagierst, wirst du wahrscheinlich die beste Rede halten, die du je bereuen wirst.

Ich lerne immer noch, dass es eine Verschwendung von

Zeit und wertvollen Worten ist, mit Menschen zu sprechen, die nicht bereit sind zuzuhören. Außerdem ist es unmöglich, Gesagtes zurückzunehmen. Ich erkenne allmählich, dass ich keine dummen oder verletzenden oder bissigen Bemerkungen machen kann, wenn ich meine große Klappe halte! Glaub mir, *nichts* ist oft das Beste, was wir in einer Situation sagen können. Verrückt, aber wahr!

Andererseits müssen einige Worte manchmal dringend gesagt werden – zum Beispiel bei offensichtlichen ungelösten Konflikten. Bei diesen Gelegenheiten drängt uns unser Glaube dazu, die Spannungen zuzugeben und anzusprechen. Der Weg des Friedens beginnt oft mit der einfachen Frage: „Können wir miteinander reden?" (nach Römer 12,18). Und bevor wir uns dann hinsetzen, um unsere Differenzen von Angesicht zu Angesicht zu klären[3], ist es gut *zu Gott* zu sagen: „Jesus, du bist der Friedefürst, und du forderst deine Nachfolger auf, Friedensstifter zu sein. Segne jetzt meine Bemühungen. Erlaube deinem Geist, mich zu lenken und mit deinem Frieden zu erfüllen." (Lies mal Matthäus 5,9, Galater 5,22 – 23.)

Und wenn dieses schwierige Gespräch stattfindet, welche Dinge sollten wir dann sagen?

„Dadurch habe ich zu dieser unschönen Situation beigetragen: _____."

„Es war mein Fehler, dass ich _____."

„Es tut mir leid, dass ich dich verletzt habe. Kannst du mir verzeihen?"

Und was ist mit alltäglichen Unterhaltungen, Gesprächen mit Freunden, Kollegen oder Familienmitgliedern, in denen es keine Konflikte gibt? Was bedeutet es, in diesen Situationen zu sagen, was gesagt werden muss? Im Brief an die Gemeinde in Ephesus können wir nachlesen, was der Apostel Paulus den dortigen Christen zu diesem Thema zu sagen hat. Wir sollen auf „schlechtes Gerede" verzichten (Epheser 4,29; NL).[4] Stattdessen soll das, was wir sagen, „für andere gut und aufbauend sein, damit sie im Glauben ermutigt werden".

Dahinter verbirgt sich der Gedanke, dass wir sagen sollen, *was andere hören müssen*. Wir sollten uns selbst fragen – oder besser noch, Gott fragen –: *Wie kann ich andere mit meinen Worten ermutigen? Wie kann ich sie aufbauen und nicht runterziehen?*

Wir können andere auf unterschiedlichste Weise mit Worten aufbauen, ohne dabei zu nerven, sie anzupredigen oder banal zu wirken. Wir können zum Beispiel sagen:

„Danke für _____."

Oder ganz einfach: „Ich liebe dich."

Wie wäre es mit: „Ich mag dich sehr", oder: „Ich bewundere, wie du _____."

Oder: „Ich sage das viel zu selten, aber ich bin *so* stolz auf dich."

Wenn Menschen in Schwierigkeiten sind, könnten wir zum Beispiel sagen:

„Ich glaube an dich. Du schaffst das."

„Ich bin bei dir. Ich bete die ganze Zeit für dich." (Aber natürlich nur, wenn wir es auch wirklich tun.)

„Halte durch, kämpf weiter."

Wenn es darum geht, das zu sagen, was gesagt werden muss, kann das manchmal auch bedeuten, dass man den Mut haben muss, unbequeme Dinge zu sagen, die man sich lieber verkneifen und bei denen man lieber wegsehen würde. Man könnte zum Beispiel nach viel Gebet sagen: „Mir ist aufgefallen, dass _____, und ich mache mir Sorgen um dich." Bei diesen Gelegenheiten sollten wir uns nicht auf die Zunge beißen, sondern erklären, warum wir uns Gedanken um unser Gegenüber machen.

In solchen Momenten greife ich auf zwei Verse zurück, die mich hier leiten. Ich bete sie oft im Stillen unmittelbar vor einem schwierigen Gespräch – und oft auch währenddessen:

Herr, halte du selbst meine Zunge im Zaum, damit kein schlechtes Wort über meine Lippen kommt! Psalm 141,3

Herr, lass dir meine Worte und Gedanken gefallen! Du bist mein schützender Fels, mein starker Erlöser! Psalm 19,15

Und der Lifehack für Situationen, in denen du nicht weißt, was du sagen sollst? Sage das, was wirklich gesagt werden *muss*.

Lifehack Nr. 20

Wenn du dankbarer sein könntest

Warum sollten wir in einer Welt, in der es so vieles gibt, das uns traurig macht und verzweifeln lässt, dankbar sein? Zählen wir einmal ein paar Gründe auf.

1. *Dankbarkeit macht uns glücklicher.* Das wissen wir aus Erfahrung. Wenn wir uns durch den Tag meckern und nörgeln und uns auf all das konzentrieren, was schiefläuft, geht es uns am Ende des Tages mies. Aber wenn wir – um es einmal mit einem billigen Klischee auszudrücken – eine dankbare Haltung einnehmen, steigt auch unsere Gesamtstimmung. Menschen mit einer dankbaren Grundhaltung haben außerdem meist nicht das Gefühl, dass sie ein Anrecht auf etwas hätten. Für sie ist das Leben mit all den kleinen Segnungen reine Gnade – lauter wunderbare, unverdiente Geschenke. Wer hat noch Zeit zu jammern, wenn es so viel Gutes gibt, über das wir uns freuen können?

2. *Dankbarkeit macht uns zu angenehmeren Zeitgenossen.* Die Autorin Elizabeth Gilbert berichtet von ihrer Großtante Lolly, die sie das „wandelnde Ausrufezeichen" nennt. Als Tante Lolly mit 85 Jahren eine recht düstere Diagnose bekam, erzählte sie ihrer Nichte mit diesen Worte davon: „Hey, Liz, rate mal, was ich habe! Krebs. Ist das nicht interessant?"[1]

Menschen wie diese Tante Lolly muss man einfach mögen. Sie ist eine von den Leuten, die ich „die Dankbaren" nenne; Menschen, die einen fröhlichen Optimismus ausstrahlen. Die Dankbaren sind das Gegenteil von den Düsteren. Sie stecken voller Staunen und Albernheiten. Wenn sie einen Raum betreten, dann fühlen sich nicht gleich alle schlechter. Im Gegenteil, die Menschen freuen sich, wenn sie kommen, und sind traurig, wenn sie gehen. Die Dankbaren sind die wandelnde Rund-um-die-Uhr-Werbung für die Tatsache, dass das Leben an sich gut ist.

3. Dankbarkeit ist förderlich für die Gesundheit. Wissenschaftler haben alle möglichen Zusammenhänge zwischen Dankbarkeit und Gesundheit festgestellt. Die Dankbaren haben meist niedrigeren Blutdruck und schlafen besser, sie haben einen gesünderen Herzschlag, ein besseres Immunsystem und eine geringere Neigung zu Depressionen. Klinische Studien haben sogar ergeben, dass Menschen, die ein „Dankbarkeitstagebuch" führen, sich meist fettärmer ernähren und einen niedrigeren Cortisolwert haben (Cortisol ist ein Hormon, das unser Körper freisetzt, wenn er unter Stress steht).

Warum wir dankbar sein sollen? Bislang haben wir doch schon eine hübsche Liste zusammengestellt: Du hast ein besseres Lebensgefühl. Du bist attraktiver für andere. Du lebst gesünder. Aber es gibt noch einen weiteren Grund: *Dankbarkeit bringt einen ungeheuren geistlichen Gewinn.*

Auf seiner zweiten Missionsreise gründete der Apostel Paulus eine Gemeinde im antiken Thessaloniki. Wenige Monate später schickten die jungen Gläubigen Paulus (der gerade in Korinth war) eine Liste mit Fragen zu geistlichen Themen.

Seine warmherzige Antwort ist uns heute als der 1. Brief an die Thessalonicher bekannt. Ganz am Ende des Briefes versteckt finden wir die Aufforderung, eine dankbare Haltung zu pflegen: „... seid dankbar in allen Dingen; denn das ist der Wille Gottes in Christus Jesus für euch" (1. Thessalonicher 5,18; LÜ).

Wir lesen „seid dankbar" und nicken. Das ergibt Sinn – aus all den Gründen, die wir gerade aufgezählt haben. Aber „in allen Dingen"? *Allen?* Das muss doch ein Tippfehler sein. Paulus hat bestimmt die Fußnote vergessen, in der alle Ausnahmen aufgezählt werden, die es bei so einer verallgemeinernden Aussage geben muss. Wie sollen wir dankbar sein, wenn wir uns unmittelbar vor unserer wichtigen Präsentation eine Tasse Kaffee über die Hose schütten? Oder wie sollen wir für einen undankbaren, schlecht bezahlten Job dankbar sein? Können wir wirklich dankbar sein, wenn wir nicht wissen, wie wir die nächste Rate unseres Kredits bezahlen sollen? Oder wenn wir herausfinden, dass unser Partner uns hintergangen hat? Dankbar „in allen Dingen"? Wirklich, Paulus?

Weil ich dachte, mir wäre etwas entgangen, fing ich, an tiefer zu graben. Was hatte ich übersehen? Was genau bedeutet dieser Satz und wie funktioniert das im richtigen Leben?

Zunächst nahm ich dieses unbequeme Wörtchen „alle" unter die Lupe. Rate mal, was es im griechischen Urtext bedeutet. Es bedeutet „alle". Ohne Ausnahme. Dankbarkeit soll rund um die Uhr unsere innere Haltung sein.

Dann fiel mir auf, dass es „*seid* dankbar" heißt, nicht „*fühlt* euch dankbar". Als mein jüngster Sohn den Führerschein machte, fuhr er mit unserem Wagen ein bisschen zu weit in die Garage hinein – genauer gesagt fuhr er durch die Mauer hindurch und landete in unserem Wohnzimmer. Ich glaube nicht, dass Gott erwartet, dass ich in dieser Situation nach draußen laufe und vor Freude Luftsprünge mache. Ich habe mich ganz bestimmt nicht außer mir vor Freude *gefühlt*, aber ich konnte für viele Dinge dankbar *sein*: dafür, dass niemand verletzt wurde; dass er nicht bis in sein Zimmer weitergefahren ist, das am anderen Ende des Hauses liegt; dass wir versichert waren und ein paar Rücklagen hatten und dass wir Freunde haben, die im Baugewerbe tätig sind und uns halfen. Die Sache ist die: Auch wenn wir uns nicht dankbar *fühlen*, können wir trotzdem immer dankbar *sein*.

Die dritte Sache, die mir auffiel, war die Präposition, die Paulus hier benutzte. Wir sollen „in" allen Dingen dankbar sein, nicht „für" alle Dinge. Ein Loblied *für* etwas Böses zu singen wäre an sich schon übel. Aber mitten *in* allem Bösen einen Grund zur Dankbarkeit zu finden – darin zeigt sich unser Glaube an Gott.

Kommen wir jetzt also zu dem großen geistlichen Gewinn.

Dankbarkeit führt dazu, dass wir und andere bereit sind, Gott mehr zu vertrauen. Wenn wir ständig über die kleinen Irritationen des Lebens schimpfen oder wenn wir mit Herausforderungen konfrontiert werden und ständig verzweifelt und verbittert sind, verkünden wir damit uns selbst und der ganzen Welt: *Seht ihr mein elendes Leben? Ich bin der lebende Beweis dafür, dass Gott 1. nicht gut ist, 2. nicht weiß, was er tut oder 3. nicht die Kontrolle über alles hat. Das kommt davon, wenn man Gott vertraut: Man führt so ein elendes Leben wie ich.*

Frage: Was an dieser Botschaft sollte irgendwie in irgendjemandem den Wunsch wecken, an Gott zu glauben?

Stell dir andererseits vor, welche Wirkung folgende Reaktion auf Probleme hätte: *Na gut, Herr, ganz egal, wie die Sache aussieht – und wie ich mich fühle –, ich entscheide mich in diesem wenig amüsanten Augenblick dafür, dass du immer gut bist und dass du sowohl weise bist als auch alles unter Kontrolle hast. Voller Vertrauen sage ich: „Danke." Ich klammere mich an deine Verheißung, dass du irgendwie alles zu meinem Besten wirken wirst (Römer 8,28).*

Ja, das lässt sich leicht sagen, wenn man nicht gerade mitten in einer Krise steckt. Aber ich möchte die Art von Mensch werden, der seinen Nachbarn bereitwillig verkünden würde: „Ich habe gerade erfahren, dass ich Krebs habe. Ist das nicht interessant? Was Gott wohl jetzt wieder vorhat?"

Ich will zu den Dankbaren gehören.

Lifehack Nr. 21

Wenn du gezwungen bist, Zeit mit einer nervtötenden Person zu verbringen

Ein befreundeter Pastor erzählte mir: „Ich würde meinen Job ja *lieben* ... wenn da nicht die Menschen wären." Dann lachte er. (Mir dämmerte erst später, dass sein Lachen nicht bedeutete: „Ich habe gerade einen Witz gemacht!", sondern: „Ich habe gerade die Wahrheit gesagt, und das Lustige daran ist, dass du *denkst,* ich hätte einen Witz gemacht.")

Menschen. Oh ja, die Menschen! All diese Homo sapiens, die ich jeden Tag ertragen muss. Jeden Tag meines Lebens habe ich es mit Herrn Seltsam, Frau Hilflos, Familie Unsicher, den Rund-um-die-Uhr-Kritikern und den falschen Fünfzigern zu tun.

Und das schon, bevor alle anderen im Haus wach sind.

Findest du nicht auch, dass es jedes Mal, wenn du dich in die Welt hinauswagst (egal, ob in die reale Welt oder das World Wide Web), sehr „interessant" wird? Man kommt in Kontakt mit den Selbstverliebten, den Quenglern, den Kontrollsüchtigen, den launischen Kollegen, hysterischen Tussis. Da ist der Typ, der ständig unangemessene Kommentare von sich gibt. Der Boss, der nicht kommuniziert. Das Kind, das keine Ruhe gibt. Die Frau, die lauter wichtige Leute kennt und das auch ständig erwähnt. Der Mann, der zu jedem Stichwort die passende Geschichte hat. Der Kerl am Schreibtisch neben dir, der fast nur in Filmzitaten redet und so riecht, als sei gerade eine Parfümfabrik explodiert.

Kommt es dir manchmal auch so vor, als spieltest du in einer nicht wirklich lustigen Komödie mit?

Die Sache ist nur die: Wenn du dich nicht auf eine einsame Insel ohne Zahnärzte zurückziehen willst (frag mal Tom Hanks, wie lustig *das* für Chuck Noland in *Cast Away* war), *musst* du dich mit Menschen abgeben. Und die werden dich wahnsinnig machen – alle manchmal und manche immer.

Was also tun, wenn du gezwungen bist, Zeit mit jemandem zu verbringen, dessen Konterfei vermutlich im Lexikon unter dem Begriff „nervtötend" abgebildet ist?

Probier's mal mit den folgenden Lifehacks, die ich auch gern als den USB-Plan bezeichne.

Unternimm einen kurzen Ausflug ins Land der Fantasie

Wenn mich jemand nervt, stelle ich mir gern vor, wie diese Person in ein Flugzeug steigt und für die nächsten fünf Jahre mit dem Friedenscorps nach Myanmar geht. Okay, nicht wirklich. (Aber manchmal vielleicht schon.)

Nein, ich stelle mir diese unangenehme Person als ein niedliches Baby vor. Wirklich. Ich erinnere mich noch daran, dass der Verursacher meines Stirnrunzelns in meiner Fantasie mal ein so goldiges kleines Kind war, dass sogar frustrierte Kunden auf der Zulassungsstelle schmunzelnd aufsahen. Wenn ich die Videos solcher Fantasiegeschichten auf Facebook sehen könnte, würde ich mir vermutlich den Zeigefinger verstauchen, weil ich so oft auf „Gefällt mir" und „Teilen" klicken würde.

Ich kneife dann immer die Augen zusammen und stelle mir vor, dass noch ein kleines bisschen dieses liebenswürdigen Wesens in meinem Gegenüber steckt. Irgendwo, tief da drin vergraben ist. Wie Gold – tief in den Bergen, unter der Erde, begraben unter einem Himalaya von Unausstehlichkeit. Und das bringt mich zum S meines USB-Plans:

Suche nach dem Wunderbaren im Sonderbaren

Das ist der Knackpunkt an uns Menschen: Wir sind eine bunte Mischung. Der singende Theologe Paul McCartney hatte schon recht, als er in seiner Schnulze „Ebony and Ivory" sang, dass jeder von uns sowohl Gutes als auch Schlechtes in sich hat. Zumindest in einer Sache hatte er recht: Wir tragen das Ebenbild Gottes in uns. Das ist mehr als gut; das ist eine umwerfende und herrliche Wahrheit!

Gleichzeitig sind wir aber auch die von der Sünde gezeichneten Nachkommen von Adam und Eva. Angeblich soll Charles Dickens sich krankhaft oft die Haare gekämmt haben – hunderte Male am Tag. (Wer wäre denn gern mit *so* einem Mann verheiratet?) Trotzdem fand er irgendwie auch die Zeit, all diese Klassiker zu schreiben, die die meisten Schüler in Amerika *lieben*. (Okay, es ist eher eine Hassliebe. Schlechtes Beispiel. Streich das.)

Nehmen wir den großen Erfinder Nikola Tesla. Es heißt, er sei ein arbeitswütiger Taubenliebhaber mit Schlafproblemen gewesen. (Stell dir jetzt mal vor, du müsstest im Studentenwohnheim mit ihm das Zimmer teilen! Und stell dir das Ganze jetzt auch *im Dunkeln* vor, denn ohne Tesla hätten wir vielleicht keinen elektrischen Strom!)

Ich verspreche dir: Wer auch immer dich wahnsinnig macht, hat auch seine guten Seiten. Man muss nur etwas gründlicher suchen, um sie zu finden.

Bedenke, dass du selbst andere Menschen auch wahnsinnig machst

Das ist die vielleicht wichtigste Botschaft dieses Lifehacks.

Es ist normal, dass man denkt: *Ich bin normal; alle anderen sind irgendwie seltsam.*

Das ist aber auch eingebildet. Und falsch.

Es tut mir leid, dir das zu sagen, aber du bist *nicht* normal, und auch du gehst manchen Menschen gegen den Strich. Wenn Tesla seine Gedankenlesemaschine weiterentwickelt hätte, wären wir heute erschrocken darüber, wie sehr uns andere Menschen *nicht* mögen.

Der große Evangelist D. L. Moody schien diese Wahrheit begriffen zu haben. Statt sich auf die Schwächen anderer zu konzentrieren, gestand er demütig: „Mit mir selbst hatte ich mehr Schwierigkeiten als mit jedem anderen Menschen, der mir je begegnet ist."

Und das habe ich gelernt: Wenn ich mich darauf konzentriere, mich mit meinen eigenen unliebsamen Schwächen auseinanderzusetzen, stören mich die Fehler anderer nicht so sehr (und sie fallen mir weniger auf).

Ich glaube, der Apostel Paulus hat das am besten ausgedrückt, als er schrieb: „Seid nachsichtig mit den Fehlern der anderen" (Kolosser 3,13; NL). Mit anderen Worten: Ertrage die nervtötende Person (ohne dabei selbst zu knurren). Dulde ihn oder sie.

Begegne ihnen mit USB.

Lifehack Nr. 22

Wenn du innerlich ganz aufgewühlt bist

Gläubige unternehmen Pilgerreisen zu Orten, die ihnen heilig sind. Juden und Christen versammeln sich in Jerusalem. Muslime reisen nach Mekka. Buddhisten besuchen den Bodhi-Baum.[1]

Ich reise zum Schwemmfächer im Nationalpark der Rocky Mountains. „Der Fächer", wie meine Familie den Ort liebevoll nennt, entstand im Sommer 1982, als der Damm des Lawn Lake, der weit oben im Nationalpark liegt, plötzlich brach. Dieser Dammbruch führte zu einer Flutwelle, die Bäume und mächtige Felsblöcke mit sich riss und gut sechs Kilometer eine enge Bergschlucht hinunterraste und schließlich den Horseshoe Park in einem tiefer gelegenen Tal erreichte.

Als die Katastrophe vorüber war, hatte sie drei Camper das Leben gekostet und die Stadt Estes Park überflutet, die mehr als acht Kilometer östlich liegt. Aber aus all der todbringenden Zerstörung entstand eine seltsame Schönheit. Heute fließt ein malerischer Wasserfall – die Horseshoe Falls – in und durch ein fächerartiges Geröllfeld, das über 16 Hektar groß ist.

Die meisten Touristen werden sagen, dass der Schwemmfächer schön ist. Ich sage, er ist auch *heilig*, ein Ort, an dem sich Himmel und Erde begegnen.[2] Aus einem grauenhaften Ereignis entstand ein Ort des Staunens. Ich nutze jede Gelegenheit, um hinzufahren. Ich gehe hin, um zu lesen und nachzudenken; um auf Gottes leise Stimme zu hören; um Steine wie Gebete aufeinanderzustapeln. Ich kann nicht sagen, wie viele Stunden ich schon dort verbracht habe, um dem kalten, klaren Bergbach dabei zuzusehen, wie er über die Steine tanzt, und um zu spüren, wie mir die Tränen über das Gesicht laufen.

Vielleicht wird meine Familie einmal meine Asche dort verstreuen, wenn ich den Weg alles Irdischen gegangen bin.

Bei einem meiner ersten Besuche im Nationalpark – es war am frühen Nachmittag – zog von Westen ein Gewitter auf. Der Donner rollte über die Berge, und der Himmel verfärbte sich schwarz. Der Wind wurde stärker, und die Pappeln um uns herum bogen sich. Schon bald öffneten sich die Schleusen des Himmels.[3]

Etwa eine Stunde lang regnete es in Strömen. Dann zog das heftige Gewitter nach Osten ab, und zurück blieb der tiefblaue Himmel von Colorado. Nach dem Gewitter glitzerte das Wasser zwischen den Felsen nicht länger, es war braun wie Milchkaffee. Ich packte die Kamera weg.

Am nächsten Morgen war ich schon kurz nach Sonnenaufgang im Park. Das Wasser, das durch den Fächer lief, war immer noch trüb. Aber als ich am Abend – es war etwa bei Sonnenuntergang – zurückkam, war das Wasser wieder kristallklar.

Mir scheint, dass Stürme dreierlei bewirken:
Sie sorgen dafür, dass die Welt finster und unheilvoll wirkt.
Sie peitschen wild auf die Welt ein.
Sie lassen die Welt aufgewühlt und trübe zurück.

Stürme im übertragenen Sinn – zum Beispiel ein ernsthafter Konflikt oder unerwartete, erschütternde Neuigkeiten – machen das Gleiche mit unserer Seele.

Das Leben ist gut. Man kümmert sich um seinen eigenen Kram, aber plötzlich verfinstert sich der Himmel. Ein Sturm zieht auf. Du kannst ihn nicht aufhalten; du kannst dich nur zusammenkauern und ihn aussitzen. Nachdem er vorüber ist, merkst du, dass all das Finstere von außen jetzt in dir ist. Dein Herz ist jetzt ein schlammiger Gebirgsbach, ein aufgewühltes Chaos. Wahrheit und Glaube schaukeln auf dem trüben, aufgewühlten Wasser des Zweifels und der Angst.

Was kann deine Seele beruhigen und ihr wieder Klarheit schenken?

Auf meinem Schreibtisch steht ein Einmachglas mit klarem Gebirgswasser und braunem Sand. Ich bezeichne es gern als meine „Schneekugel für Arme". Wenn ich es ein paar Mal heftig schüttle, vermischen sich das Wasser und der Schlamm, und alles wird kakaobraun.

Wenn ich dann das Glas hinstelle und meiner Arbeit nachgehe, kann ich die Kraft der Stille beobachten. Ein oder zwei Tage später hat sich der ganze Dreck wieder abgesetzt. Das Wasser ist so klar, dass man es trinken könnte. (Nicht, dass ich Wasser aus einer Pfütze trinken würde, aber du verstehst, was ich meine.)

Das ist der Lifehack, den wir anwenden müssen, wenn wir

innerlich ganz aufgewühlt sind. (Nein, damit will ich nicht sagen, dass du mit einem Einmachglas zum nächsten Bach laufen sollst – als ob ein Ausflug oder eine Bastelstunde genügen würden, um Stress abzubauen.) Wir müssen uns aus all dem Trubel zurückziehen, einen friedlichen Ort aufsuchen und still werden.

Genau das können wir auch in Psalm 46 lesen. Dieser Psalm spricht nicht ausdrücklich von Stürmen oder schlammigen Bächen, aber er erwähnt alle möglichen weltbewegenden Katastrophen – Erdbeben, einstürzende Berge, Fluten ... sogar Kriege. Vor dem Hintergrund solcher Katastrophen zitiert der Psalmist den allmächtigen Gott, der zu seinem aufgebrachten Volk sagt: „Seid stille [entspannt euch, lasst los] und erkennet, dass ich Gott bin!" (Vers 11; LÜ). Jesus sagte beinahe dieselben Worte – „Sei still! Schweig!" – zu einem heftigen Sturm, der den See Genezareth und seine Jünger aufwühlte (Markus 4,39).

Manchmal gelingt es mir, mein aufgewühltes Herz sofort wieder zu beruhigen. Ich schleiche mich zur Tür hinaus, mache einen Spaziergang, atme dabei tief durch und richte meine Gedanken ganz auf den Sturmstiller aus. Nach drei oder vier Runden um den Block sind die dunklen Ängste und die trüben Gedanken zum größten Teil verschwunden.

Wenn du allerdings einen heftigeren Sturm hinter dir hast, dauert es länger, bis sich alles wieder beruhigt hat – vielleicht ein Wochenende oder sogar eine Woche. Und wenn du in einer richtigen Lebenskrise steckst, brauchst du sehr viel mehr Zeit, bis alles wieder klar wird. In diesem Fall empfehle ich, sich länger zurückzuziehen, vielleicht sogar eine Art Pilgerreise zu machen. (Ich kann dir da einen fantastischen Ort in den Rockys empfehlen.)

Aber ganz egal, ob du irgendwo hingehst oder dich nur dann in die Stille zurückziehst, wenn du innerlich ganz aufgewühlt bist: Du musst etwas unternehmen, damit du wieder zur Ruhe kommst. Also:

Werde still. Atme durch. Mit der Zeit wirst du die Klarheit finden, die du brauchst. Du wirst wieder sehen können – und wissen –, dass Gott immer noch auf dem Thron sitzt.

Lifehack Nr. 23

Wenn du ermutigende Botschaften erhältst

Du gehst zum Briefkasten, und zwischen all den Rechnungen und der Werbung für Sonderangebote, Pizzabringdienste und Hörgeräte befindet sich ein von Hand adressierter Briefumschlag. (1. Frage: Wer um alles in der Welt schreibt noch persönliche Grüße? 2. Frage: Warum machen wir das nicht alle ... immer?)

Du bist verwirrt. Du hast nicht Geburtstag. Die Handschrift ist dir nicht vertraut. Du reißt den Umschlag auf und rechnest mit einer Danksagung für irgendein Hochzeits- oder Geburtstagsgeschenk, das du kürzlich verschenkt hast. Aber das ist es nicht.

Der Brief enthält ein paar Zeilen von einer jungen Frau, die mal zwei Häuser neben dir gewohnt hat. Sie eröffnet nächsten Monat ihre Praxis als Kinderärztin und erzählt dir aus heiterem Himmel von einer lebensverändernden Begebenheit, die sich vor über zehn Jahren in deiner Küche ereignet hat.

Sie erzählt dir von einer Unterhaltung bei selbst gebackenen Plätzchen:

Ich stand kurz vor der Oberstufe und erzählte Ihnen, dass ich mir Sorgen wegen ein paar Fächern und der Noten machte. Ich erinnere mich noch daran, dass Sie mit dem Kochlöffel in der Hand am Herd gestanden und sich umgedreht haben. Sie haben mich ganz erstaunt angeschaut und ganz überrascht gesagt: „Du machst dir Sorgen? Warum? Du bist das klügste Kind, das ich kenne – und sag ja meinen eigenen Kindern nicht, dass ich das gesagt habe!" Und dann haben Sie ganz nüchtern erklärt: „Du wirst bestimmt eines Tages Medizin studieren."

Sie können sich gar nicht vorstellen, was das in dem Moment mit mir gemacht hat. Meine eigene Familie war chaotisch (um es mal milde auszudrücken). Das Wissen, dass Sie an mich glauben, hat mir Selbstvertrauen gegeben, etwas, das ich nie zuvor gehabt hatte. Ehrlich gesagt: Ohne Sie wäre ich nicht da, wo ich heute bin. Dafür werde ich Ihnen ewig dankbar sein.

Ist es nicht seltsam, dass du dich gar nicht mehr daran erinnerst, aber sie hat diesen Augenblick niemals vergessen! Eine Neuntklässlerin war verunsichert und du hast etwas gesagt, das ihr Leben verändert hat. Ohne es zu wissen, hast du ihr ganz nebenbei einen Rettungsring zugeworfen – und auch noch eine Taschenlampe und einen Kompass! Wie hättest du ahnen können, dass sie sich all die Jahre hindurch an deine Worte geklammert hat?

Hier ist meine Lifehack-Empfehlung: Wirf solche kostbaren Briefe nie weg. Sie sind heilig. Lege sie in eine Schachtel. Bewahre die Schachtel sicher auf. Lege immer wieder etwas hinein. Die Karte, die du in ein paar Wochen von dankbaren Eltern bekommen wirst, weil du ihr Kind unterrichtet hast – lege sie in die Schachtel. Lege sie zusammen mit dem lieben

Dankesbrief der Kleingruppe hinein, die du geleitet hast. Fülle die Schachtel langsam mit allen ermutigenden E-Mails und Dankeskarten, die du bekommst.

Warum? Weil du in zehn Jahren (oder vielleicht schon in ein paar Monaten) an dir selbst zweifeln könntest und dich fragst, ob dein Leben etwas wert ist und ob du irgendetwas bewirkt hast. Du bezweifelst, dass Gott jemanden wie dich gebrauchen kann oder wird. In einer Welt wie der unseren, in der man immer wieder entmutigt wird, sind solche Worte in einer Schachtel voller Erinnerungen schlagkräftige Ermutigungen.

„Ermutigen" ist eines der besten Wörter, die wir in unserer Sprache haben, und eines der besten Dinge, die wir tun können. Es bedeutet so viel wie „Mut in jemanden legen". Im Neuen Testament beinhaltet das griechische Wort, das mit „Ermutigung" übersetzt wird, auch die Bedeutung von Trost, Beistand und sogar Ermahnung. (Das klingt doch sehr nach jemandem, der mit einem Lächeln und einer inspirierenden Herausforderung warme Plätzchen serviert, oder?)

In der Bibel wird von einem Mann berichtet, der sich so gut darauf verstand, anderen beizustehen und „Mut in sie hineinzulegen", dass alle ihn „Barnabas" nannten, ein Spitzname, der wörtlich übersetzt „Sohn des Trostes" (LÜ) bzw. „der anderen Mut macht" (Hfa) bedeutet (Apostelgeschichte 4,36). Mit anderen Worten: Wenn man im Lexikon den Begriff „Ermutigung" nachschlagen würde, wäre dort das Bild dieses Mannes abgebildet.

Das wäre doch genau der richtige Name für deine Sammlung von Ermutigungen. Nenn sie einfach deine „Barnabas-Schachtel".

Aber der Hack besteht nicht nur darin, so eine Schachtel anzulegen. Dahinter verbirgt sich der Gedanke, diese Schachtel anzulegen *und* den Inhalt dann von Zeit zu Zeit durchzuschauen. Lass dich davon ermutigen, dass *du in der Lage bist*, im Leben von anderen positive Spuren zu hinterlassen.

Und dann – und das ist der Hauptpunkt – lass dich vom Inhalt dieser Schachtel dazu herausfordern, „es immer mehr zu tun" (1. Thessalonicher 4,1; NL). Mach es dir zur Gewohnheit, täglich die geistliche Übung der Ermutigung zu praktizieren. Versuche doch mal, jeden Tag wenigstens einer Person ein solches Briefkasten-Erlebnis zu bescheren. Fang jetzt damit an. Schreibe, noch bevor du heute Abend ins Bett gehst, eine Karte (oder wenigstens eine E-Mail oder eine Textnachricht), die jemand anderer in seine oder ihre Barnabas-Schachtel legen kann.

Wenn wir andere ermutigen, werden wir auch selbst ermutigt. Das ist natürlich nicht der Hauptgrund, warum wir das tun. Aber es ist zumindest ein guter Nebeneffekt.

Lifehack Nr. 24

Wenn du dich selbst nicht leiden kannst, weil du Dinge nicht tust, die du eigentlich tun solltest

Carl ist ein gewissenhafter, wohlmeinender Mensch. Er macht seine Einkommensteuererklärung peinlich genau. Er benutzt ständig Zahnseide. Er tritt nie einen Hund. Er ist ein guter Mann mit einem guten Herzen.

Aber Carl hat ein Problem: Er fühlt sich überfordert von all den Dingen, von denen er meint, er *solle* sie tun.

Gestern ist er zum Beispiel aufgewacht, hat im Spiegel eine Grimasse geschnitten und gedacht: *Ich sollte anfangen, Sit-ups zu machen oder irgendwie Sport zu treiben!*

In der Küche hat er sich eine Tasse Kaffee eingegossen, sich dabei unbewusst über den Bauch gestrichen und überlegt: *Ich sollte nicht mehr so viel Kaffeesahne trinken.*

Schuldbewusst hat er seinen viel zu hellen Kaffee zum Tisch getragen. Dort hat er seine E-Mails abgerufen, und schon gingen ihm tausend Gedanken durch den Kopf: *Ich sollte sofort darauf antworten, bevor ich es vergesse ... Ich sollte ihn nachher anrufen ... Ich sollte dieses Buch lesen ... Ich sollte zu dieser Konferenz fahren ... Ich sollte zu jener Gemeindeveran-*

staltung gehen ... Ich sollte mich von diesem Rundbrief abmelden ...

Eine halbe Stunde später hat er dann gejammert: *Ich sollte mal schauen, was ich tun kann, damit die Mails nicht länger mein Leben bestimmen.*

Wenige Sekunden später sagte eine kleine Stimme in seinem Ohr: *Du solltest auf Facebook gehen.*

Während er hastig den Verlauf hinunterscrollte, murmelte Carl vor sich hin: „Ich sollte mit meiner Familie mal dorthin fahren ... Ich sollte ihm eine Freundschaftsanfrage schicken ... Ich sollte das ‚liken'... Ich sollte mal diese Diät probieren ... Ich sollte mir mal diese Netflix-Serie anschauen ... Ich sollte mein Profilbild ändern ... Auwei! Ich sollte zur Arbeit fahren!"

Auch auf der Arbeit ließen ihn die Stimmen nicht in Ruhe. Manche kamen von außen: *Sie sollten die Richtlinien dafür prüfen ... Sie sollten vor der morgigen Besprechung noch diesen Bericht lesen ...* Und manche kommen von innen: *Ich hätte einen anderen Beruf wählen sollen ... Ich sollte mich weiterbilden ...* (Und nach einem intensiven Gespräch mit seinem Chef: *Vielleicht sollte ich meinen Lebenslauf mal überarbeiten.*)

Ein Kollege streckte irgendwann den Kopf in Carls Büro und meinte: „Wir machen heute früher Mittag und gehen ins ‚Three Caballeros'. Du solltest mitkommen." Ein Freund schickte ihm eine Nachricht aufs Handy: „Allyson und ich fahren dieses Wochenende an den See. Fran und du solltet unbedingt mitkommen." In diesem Moment schrieb ihm seine Frau: „Dein Vater hat in drei Tagen Geburtstag. Du solltest nach der Arbeit noch eine Karte besorgen."

Nach der Arbeit kämpft er sich durch den Feierabendverkehr. Unzählige Gedanken schießen ihm durch den Kopf:

Ich sollte den neuen Nachbarn heute Abend mal Hallo sagen … Ich sollte zum Friseur gehen … Ich sollte dieses hässliche alte Auto sauber machen und es dann verkaufen und ein sparsameres kaufen … Dann entdeckte er das Werbeplakat einer großen Lotterie und platzte heraus: „90 Millionen Euro sind im Jackpot? Ich sollte unbedingt Lotto spielen."

Als er in die Einfahrt fuhr – ohne Geburtstagskarte, aber dafür mit drei Lotterielosen –, ging das Trommelfeuer der „Ich sollte"-Gedanken weiter: *Du solltest den Rasen mähen, bevor die Nachbarn über dich reden … Du solltest mit den Kindern in den Park gehen, aber zuerst solltest du die Post lesen …*

Nach dem Abendessen, er las gerade drei Bettelbriefe durch, nickte er: *Ich sollte diese Werke unterstützen.* Als er dann auf seinen Kontostand sah, schüttelte er den Kopf: *Ich sollte mal darüber nachdenken, ob ich nicht irgendwie was dazuverdienen könnte.*

Als die Kinder im Bett waren, erinnerte sich Carl an die „Hausaufgaben" und das Meeting am nächsten Tag, und er stöhnte. Wenige Sekunden später dachte er: *Ach nein, ich sollte meinen Wecker eine Stunde früher stellen und den Bericht morgen früh gleich als Erstes lesen.*

Am Ende eines vollen Tages fiel der gute Mann mit dem guten Herzen ins Bett. Es war spät. Seine Frau hatte schon ganze Wälder durchgesägt. Carl war extrem müde … aber er hatte auch ein schlechtes Gewissen.

Ich habe nach dem Zähneputzen keine Zahnseide benutzt, fiel ihm ein. *Ich sollte noch mal ins Bad gehen!*

Völlig frustriert flüsterte er: „Gott, mein Leben läuft einfach nicht rund. Was soll ich nur tun?"

Zu seinem großen Erstaunen war es, als würde Gott ihm eine Antwort zuflüstern.

„Hör nicht länger auf all die Stimmen, die dir sagen, was du alles tun *solltest*."

Vielleicht geht es dir wie Carl und du kämpfst gegen chronische Minderwertigkeitsgefühle an, was dazu führt, dass du dich ständig selbst ohrfeigen könntest, weil es so viele Dinge gibt, bei denen du das Gefühl hast, nicht gut genug zu sein. Falls das so ist, wird es Zeit, das Vokabular der Schuldgefühle aus deinem Wortschatz zu streichen. Der Freudenkiller „Ich müsste ..." und sein Verwandter „Ich sollte ..." müssen aus deinem Leben verschwinden! (Versteh mich nicht falsch: Ich sage nicht, dass du das tun *solltest*, sondern *wenn du klug bist, dann tust du es* ...)

Jesus ist nicht gekommen, um uns noch mehr Regeln aufzuerlegen! Er kam, um uns neues Leben zu bringen ... um uns zu neuen Menschen mit neuen Herzen und neuen Wünschen zu machen. Seine Frohe Botschaft ist eine Botschaft der Gnade, nicht der Schuldgefühle. Er motiviert uns durch Freude, nicht durch Pflichtgefühl. Das heißt, die Nachfolger Jesu *müssen* nicht die Bibel lesen, in die Gemeinde gehen, beten oder anderen dienen. Ganz im Gegenteil: Wir *dürfen* diese Dinge tun – und auch alle anderen Dinge, die Gott ehren, ein Segen für andere sind und uns eine heilige Freude bereiten.

Letztlich läuft das Ganze auf eines hinaus: Wenn die Stimme, die dir sagt, was du tun solltest, drängelnd und manipulativ ist, wenn sie Schuldgefühle weckt und nicht Gnade schenkt, dann kannst du sicher sein, dass es nicht Gottes Stimme ist.

Lifehack Nr. 25

Wenn du wütend bist, weil dir so viele nervige Menschen im Weg stehen

Mein Freund Pat schickt mir immer Sprachnachrichten – als Anhang zu einer Textnachricht.
 (Ich bin ja so ein Dinosaurier. Ich wusste nicht einmal, dass das technisch möglich ist. Glaubst du, dass es eines Tages möglich sein wird, die Menschen, mit denen wir telefonieren, dabei auch auf unserem Smartphone zu *sehen*?)
 Pat ist schlau und unheimlich witzig, und er hat ein großes Herz für Menschen. Also lächle ich natürlich immer, wenn eine neue Sprachnachricht von ihm auf meinem Handy eintrifft.
 Seine Botschaften sind oft *schräg* – wie zum Beispiel, als er mir eine absolut treffende Nachahmung von Jeff Bridges' Plädoyer vor Gericht aus dem Western *True Grit* schickte. (Bis er es zugab, war ich davon überzeugt, es sei ein Ausschnitt aus dem Film gewesen.)
 Bei anderen Gelegenheiten sind seine Botschaften *ermutigend* – wie zum Beispiel, als er mir Rückmeldung zu etwas gab, das ich geschrieben hatte. Zehn Minuten später schickte er mir eine zweite Nachricht – dieses Mal länger und überschwänglicher. (Seine Bestätigung weckte in mir das Verlangen, bis tief in die Nacht hinein zu schreiben.)

Gelegentlich sind seine Botschaften allerdings *herausfordernd*. Kürzlich schickte er mir eine Sprach-/Textnachricht, die ungefähr so lautete:

Okay, was hältst du von dieser Idee: Was wäre, wenn wir es uns alle zur Gewohnheit machen würden, für die Menschen in unserem Umfeld zu beten? Ich meine die Menschen, die ganz buchstäblich um uns herum sind.

Du stehst zum Beispiel an der Ampel, und vor dir wartet schon ein bärtiger Typ in einem Mustang-Cabrio. Er ist über und über tätowiert, und du weißt nichts über ihn, nicht darüber, was er hinter sich hat oder gerade durchmacht. Du weißt nur, dass er dir im Weg ist (weil er vielleicht die Rechtsabbiegerspur blockiert). Was wäre, wenn du einfach anfängst, für ihn zu beten? Du betest, dass Gott sich ihm zeigt und ihm hilft und seinen Nöten begegnet?

Oder du stehst in einer langen Schlange an der Kasse. Aber statt dich aufzuregen, beschließt du, dich umzuschauen und mal auf die Menschen zu achten, die, Gott weiß warum, gerade jetzt mit dir zusammen im Supermarkt sind. Plötzlich betest du im Stillen für die müde Mutter, die versucht, zwei wilde Kinder zu bändigen, oder für die Kassiererin, die vielleicht ein schweres Leben hat.

Dadurch würde zweierlei passieren: Erstens würde sich unsere Einstellung ändern. Wir würden die Menschen nicht länger als Hindernisse betrachten, sondern als kostbare und einzigartige Geschöpfe. Zweitens würde überall für die Menschen gebetet werden. Und das können wir weiß Gott alle gebrauchen. Das ist also unsere Gelegenheit, die Welt zu verändern. Versuchen wir es doch mal.

Mein Freund Pat hat recht. Wenn genügend Christen diesen Lifehack umsetzen würden, könnte, ja, würde das die Welt verändern.

Ich nehme die Herausforderung an. Ich versuche, es mir zur Gewohnheit zu machen, den ganzen Tag über mit Gott über die Menschen zu sprechen, denen ich begegne – ganz gleich, wen er mir in den Weg stellt. Nicht nur für meine Familie und Freunde zu beten – das mache ich sowieso –, sondern für all die Fremden unterwegs und vor allem für die, die mir *im* Weg sind.

Was wäre, wenn wir die Idee meines Freundes einmal ausprobieren und eine „Guerilla-Gebetskampagne" starteten würden?

Könntest du dir das vorstellen?

Lifehack Nr. 26

Wenn du am liebsten aufgeben würdest

Ich wette eigentlich nicht, aber wenn ich es tun würde, dann würde ich meine kostbarsten Schätze[1] darauf verwetten, dass du in deinem Leben mindestens ein Mal in eine Situation gerätst, in der du denkst: *Das ist doch sinnlos. Warum renne ich weiter mit dem Kopf gegen die Wand?*

Welche „unmögliche" Herausforderung ist das bei dir? Abzunehmen? Einen Uniabschluss zu machen? An einem neuen Ort Freundschaften zu schließen? Etwas Neues zu lernen? Einen besseren Job zu finden? Eine zerrüttete Ehe nicht aufzugeben? Gott kennenzulernen?

Vielleicht hast du ja versucht, eine kaputte Beziehung wiederherzustellen und wurdest immer wieder abgewiesen. (Das kenne ich aus eigener Erfahrung.) Oder du hast geduldig und lange für etwas gebetet, das dir sehr am Herzen liegt. Monate oder sogar Jahre später gibt es immer noch nicht das geringste Anzeichen dafür, dass Gott irgendetwas an der Situation geändert hat.

Es ist sinnlos, denkst du. *Ich geb's auf!*

Das Gefühl kenne ich, glaub mir. Aber denke einmal über die folgende Geschichte nach, bevor du das Handtuch wirfst:

2005 beschloss eine Frau in dem südkoreanischen Dorf Sinchon, den Führerschein zu machen. Aber weil sie nur eine rudimentäre Schulbildung besaß, fiel sie durch die theoretische Prüfung.

Das wäre kaum eine Nachricht wert gewesen, wenn Cha Sa-soon, die damals Mitte 60 war, nicht beschlossen hätte, die Prüfung so lange zu wiederholen, bis sie sie bestand. Sie hatte es einfach satt, jeden Tag stundenlang im Bus zu sitzen oder auf den Bus zu warten.

Wenn jedes der folgenden X für eine nicht bestandene Prüfung steht, stellt das hier Frau Chas Versuche dar, den Führerschein zu machen. Drei Jahre lang.

X X X X X X X X X X X X X X X X X X X X X X X

X X X X X X X X X X X X X X X X X X X X X X X

X X X X X X X X X X X X X X X X X X X X X X X

X X X X X X X X X X X X X X X X X X X X X X X

X X X X X X X X X X X X X X X X X X X X X X X

X X X X X X X X X X X X X X X X X X X X X X X

X X X X X X X X X X X X X X X X X X X X X X X

X X X X X X X X X X X X X X X X X X X X X X X

X X X X X X X X X X X X X X X X X X X X X X X

xxxxxxxxxxxxxxxxxxxxx

xxxxxxxxxxxxxxxxxxxxx

xxxxxxxxxxxxxxxxxxxxx

xxxxxxxxxxxxxxxxxxxxx

xxxxxxxxxxxxxxxxxxxxx

xxxxxxxxxxxxxxxxxxxxx

xxxxxxxxxxxxxxxxxxxxx

xxxxxxxxxxxxxxxxxxxxx

xxxxxxxxxxxxxxxxxxxxx

xxxxxxxxxxxxxxxxxxxxx

xxxxxxxxxxxxxxxxxxxxx

xxxxxxxxxxxxxxxxxxxxx

xxxxxxxxxxxxxxxxxxxxx

xxxxxxxxxxxxxxxxxxxxx

xxxxxxxxxxxxxxxxxxxxx

XXXXXXXXXXXXXXXXXXXXXXX

XXXXXXXXXXXXXXXXXXXXXXX

XXXXXXXXXXXXXXXXXXXXXXX

XXXXXXXXXXXXXXXXXXXXXXX

XXXXXXXXXXXXXXXXXXXXXXX

XXXXXXXXXXXXXXXXXXXXX

XXXXXXXXXXXXXXXXXXXX

Trotz über 700 Fehlversuchen blieb Frau Cha unbeirrt (oder wie ihr Sohn sagen würde: „dickköpfig"). Die Nachricht von der fröhlichen Witwe im Bergdorf südlich von Seoul, die entschlossen war, den Führerschein zu machen, verbreitete sich. Die Fahrlehrer der nahegelegenen Jeonbuk Fahrschule boten ihr ihre Hilfe an. Die Medien fingen an, über ihre hartnäckigen Versuche zu berichten, die sie mindestens zweimal wöchentlich unternahm.

XXXXXXXXXXXXXXXXXXXXXXXXXXXXXXX

XXXXXXXXXXXXXXXXXXXXXXXXXXXXXXX

XXXXXXXXXXXXXXXXXXXXXXXXXXXXXXX

XXXXXXXXXXXXXXXXXXXXXXXXXXXXXXX

X X X X X X X X X X X X X X X X X X X X X X X X X X X X X X X X X X

X X X X X X X X X X X X X X X X X X X X X X X X X X X X X X X X X X

X X X X X X X X X X X X X X X X X X X X X X X X X X X X X X X X X X

X X X X X X X X X X X X X X X X X X X X X X X X X X X X X X X X

Endlich, im Alter von 69 Jahren und nach 959 vergeblichen Prüfungen (von denen sie jede fünf Dollar gekostet hatte) bestand Frau Cha Prüfung Nummer 960! Ganz Südkorea feierte ihr außergewöhnliches Durchhaltevermögen, der führende südkoreanische Autokonzern *Hyundai Motor Group* schenkte ihr ein neues Auto im Wert von fast 17 000 Dollar! Ihre Fahrschullehrer waren außer sich vor Freude. Einer von ihnen sagte: „Wir trauten uns einfach nicht, ihr zu sagen, sie solle aufhören, weil sie immer wieder kam."²

Sie kam immer wieder. Wenn alles in dir schreit: „Es reicht. Ich hab die Schnauze voll!", dann lautet mein simpler, wenig geistreicher Hack: *Komm immer wieder.*

Als Jesus seinen Jüngern bei einer Gelegenheit etwas über das Gebet beibringen wollte, sagte er ihnen, sie sollten sich das folgende Szenario vorstellen: Ein Freund stattet euch mitten in der Nacht einen Besuch ab (Lukas 11,5 – 8). Nehmen wir an, sagt Jesus, ihr habt nichts im Haus, das ihr eurem unerwarteten hungrigen Besuch vorsetzen könnt. Also klopft ihr beim Nachbarn und fragt, ob er euch drei Brote geben könnte. Und nehmen wir weiter an, fährt Jesus fort, ihr hört von drinnen die wütende Stimme eures Nachbarn: „Ist mir egal, ob wir befreundet sind. Es ist mitten in der Nacht! Meine Familie schläft schon, und die Tür ist auch schon zu. Nein, ich werde dir nicht helfen. Nicht heute Abend. Verschwinde!"

Jesus ließ diese theoretische Situation einige Sekunden auf seine Zuhörer wirken. Dann schloss er seine Lektion mit folgenden Worten: „Ich sage euch: Und wenn er schon nicht aufsteht und ihm etwas gibt, weil er sein Freund ist, so wird er doch wegen seines *unverschämten Drängens* aufstehen und ihm geben, so viel er bedarf" (Lukas 11,8, LÜ; Hervorhebungen des Autors).

Unverschämtes Drängeln. Meiner Meinung nach ist das einer der besten Wendungen überhaupt. Es bedeutet, dass jemand die hartnäckige Unverfrorenheit besitzt, immer weiter anzuklopfen. Es beschreibt die dreiste Entschlossenheit, immer wiederzukommen (oder nachzufragen), egal, was andere darüber denken oder sagen. Und es ist im Grunde eine Steigerungsform des abgedroschenen Ausspruchs „Gib nicht auf!".

Durch unverschämte Hartnäckigkeit bekam eine kleine, aber zähe südkoreanische Witwe ihren Führerschein. So erfand Thomas Edison schließlich die Glühbirne. Und so wirst du letztlich etwas erreichen!

Welcher deiner Wünsche geht einfach nicht in Erfüllung? Welche schmerzhaften Bemühungen würdest du am liebsten aufgeben, weil es immer wieder schiefgeht?

Was auch immer es ist, Jesus – oder Frau Cha – würden sagen: „Gib nicht auf. Versuch es noch einmal. Klopf ganz unverschämt weiter an. Komm noch einmal."

Betritt doch heute noch einmal ein Fitnessstudio. Steck deine Nase noch einmal in die Bücher. Tu jemandem noch einmal etwas Gutes (denn auch wenn du nicht die ganze Mauer zum Einsturz bringst, fällt vielleicht ein kleiner Stein heraus).

Du hast 117 Bewerbungen geschrieben, aber immer noch kein Vorstellungsgespräch gehabt? Das bedeutet zum einen, dass du beharrlich bist, und zum anderen, dass es Zeit wird, deinen Laptop wieder aufzuklappen, noch einmal im Internet nach Stellen zu suchen und Bewerbung Nr. 118 abzuschicken.

Du hast immer noch keine Gebetserhörung erlebt? Hör um Himmels Willen nicht auf! Jesus selbst hat gesagt, dass wir unverschämt sein sollen! Sei hartnäckig. Bitte ganz frech noch einmal um diese eine Sache.

Und wenn nichts passiert? Dann kannst du es ja morgen wieder versuchen.

Lifehack Nr. 27

Wenn du denkst, du hättest anderen nichts zu bieten

Ich vermute mal, dass du zumindest in einer Hinsicht so bist wie ich: Manchmal ertappst du dich dabei, dass du beim Anblick all der begabten Menschen um dich herum nur den Kopf schüttelst und denkst: *Was habe ich schon zu bieten? Ich bin in nichts wirklich gut.*

Mein Freund Chris ist zum Beispiel ein hervorragender Kommunikator. Er ist klug. Er ist witzig. Er ist ein begabter Geschichtenerzähler. Im Gegensatz zu mir muss er sich nie Notizen machen, er verliert nie den Faden und sagt nie „äh" oder „hm", wenn er spricht. Manchmal schaue ich mich bei seinen Predigten in der Gemeinde um und staune darüber, wie aufmerksam alle sind. Alle lehnen sich gespannt nach vorn und nicken. *Ein*nicken? Niemals! Glaub mir, wenn Chris predigt, schreibt niemand seine Einkaufsliste oder surft auf Instagram.

Dee, ein anderer Freund, ist ein erstklassiger Musiker und Theaterregisseur. Er ist mit Tami verheiratet, einer begabten Sängerin und Komödiendarstellerin. Ich übertreibe nicht, wenn ich sage, sie könnten in New York leben und jeden Abend auf dem Broadway auftreten. Stattdessen sind sie ein

Segen für unsere Stadt. Ich weiß, ich weiß. Künstler verdrehen immer die Augen, wenn sie das Wort „Kleinstadtbühnen" hören. Aber bei uns ist das anders. Nicht, wenn ein Stück von Dee und Tami aufgeführt wird.

In deinem Umfeld gibt es bestimmt auch solche Leute. Menschen mit erstaunlichen Fähigkeiten, die fünf Sprachen sprechen oder als Neurochirurgen Leben retten, wie mein Freund Mike, der Arzt. Vielleicht sind sie herausragende Sportler, so wie die drei Söhne unserer Freunde Shawn und Toya, die alle in der obersten amerikanischen Liga Basketball spielen. Oder sie gründen fast jeden zweiten Monat eine neue erfolgreiche Firma, wie meine Freunde Brent und Amy.

Wenn man von so überaus begabten Menschen umgeben ist, kommt man sich leicht wie ein untalentierter Schwachkopf vor. Wenn du auch gelegentlich mit diesem Gefühl kämpfst, habe ich einen geistlichen Lifehack für dich, der aus zwei Teilen besteht.

Erstens: *Hör auf, dich zu vergleichen!* Sich zu vergleichen ist dumm – das ist, als würde sich der Tischler minderwertig fühlen, sobald die Elektriker und Installateure auf der Baustelle auftauchen. *Aber die sind für das Licht und die Toilettenspülung zuständig!* Und wissen Sie was, Herr Tischler? Wände und Schränke sind genauso wichtig.

Die Wahrheit ist, dass Gott dich für Aufgaben erschaffen und dir Aufgaben anvertraut hat, die nur du erfüllen kannst. Dadurch spielst du in deiner ganz eigenen Liga. Das bedeutet, dass du unvergleichlich bist. Und das heißt wiederum, dass es dumm ist, sich mit anderen zu vergleichen, um den eigenen Wert zu bestimmen oder daraus die eigene Bedeutung zu ermessen. Und vielleicht ist es sogar Sünde. Also: Lass das!

Zweitens: Wenn du dich mal wieder dabei ertappst, dass du denkst, du hättest nichts beizutragen, dann *mach einmal Inventur, und nimm dein einzigartiges Leben und deine einmalige Seele unter die Lupe.*

Diese Übung ist nicht schwer, und ich finde sie immer sehr ermutigend. Nimm Stift und Papier zur Hand. Mach dir Gedanken über dein Leben und die individuelle bunte Mischung aus Gaben, Talenten und Mitteln, die dir zur Verfügung stehen. Die nachfolgende Liste von Kategorien ist nicht vollständig, aber sie gibt dir sicher schon einen kleinen Anstoß.

- *Persönlichkeit.* Welches Temperament hast du? Wie bist du veranlagt? Bist du eher introvertiert oder extrovertiert? (Übrigens sind einige der einflussreichsten Menschen der Welt eher still und nicht gerade gesellig.) Bist du menschen- oder aufgabenorientiert? Eher getrieben oder gelassen? Ein Kopf- oder ein Gefühlsmensch? Denke daran, dass es nicht die eine „richtige" Persönlichkeit gibt.
- *Angeborene Fähigkeiten.* Gott hat dir von Natur aus bestimmte Fähigkeiten mitgegeben. Hast du eine gute Körperkoordination? Bist du witzig? Künstlerisch veranlagt? Sprachgewandt? Analytisch? Detailverliebt? Ein geborener Problemlöser? Jede dieser Begabungen (und die zehntausend anderen, die ich nicht aufgezählt habe) ist wichtig und nützlich.
- *Geistesgaben.* Wenn du an Jesus glaubst, dann lebt der Geist des allmächtigen Gottes in dir und hat dir mindestens

eine übernatürliche Gabe gegeben, um der Gemeinde damit zu dienen (nachzulesen in Römer 12,1, 1. Korinther 12, Epheser 4, 1. Petrus 4). Vielleicht besitzt du ja die Gabe der Leitung, gibst gern großzügig, verstehst es, die Gute Nachricht weiterzugeben, anderen zu dienen oder sie zu ermutigen, oder du hast ein besonders großes Herz für andere oder was auch immer. Wer sagt, dass er nichts beizutragen hat, hat diese biblische Wahrheit vielleicht einfach noch nicht verstanden.

- *Erlernte Fähigkeiten.* Was hast du gelernt? An Autos zu schrauben? Zu nähen? Gartenarbeit? Videos zu schneiden? Zu backen? Erste Hilfe? Internetseiten zu programmieren? Nur weil du keinen Saal mit Menschen füllen kannst, die 200 Euro bezahlen, um deine PowerPoint-Präsentation zu bewundern, heißt das nicht, dass deine Fähigkeit (oder jede andere) nicht auch wertvoll ist und gebraucht wird.
- *Erfahrungen.* Vielleicht bist du ein Einzelkind (oder eines von 12 Kindern, wie mein Kumpel Barkef). Vielleicht waren deine Eltern Missionare und du bist in einem anderen Land aufgewachsen. Unterschätze niemals deine einzigartige Lebenserfahrung. Gott will alle diese Details auf kreative Weise gebrauchen, um seinen Willen Wirklichkeit werden zu lassen – in deinem Leben und in dieser Welt.
- *Schwere Zeiten.* Bist du in ärmlichen Verhältnissen aufgewachsen? Ein Elternteil war Alkoholiker? Bist du verwitwet? Hast du eine Krebserkrankung durchgestanden? Hast du eine körperliche Beeinträchtigung? Diese Dinge sind hart. Aber Gott gebraucht diese schweren Umstände nicht nur, um uns zu formen, sondern auch, um uns dazu

zu befähigen, andere zu trösten, die Ähnliches durchmachen. Was du in deinen schweren Zeiten gelernt hast – selbst dann, wenn du versagt hast –, ist wertvoll!
- *Segen.* Vielleicht bist du ja wohlhabend und Akademiker. Du hast eine glückliche Familie, ein großes Haus mit leer stehenden Zimmern oder einer Einliegerwohnung. Du verdienst gut. Um Himmels willen – ganz buchstäblich –, was könntest du mit diesen Vorteilen und Mitteln anfangen?

Wir könnten immer weitermachen – deine Lebensphase (Bist du jung und single? Sind deine Kinder bereits erwachsen? Oder bist du schon in Rente?), deine Verbindungen, die Themen, die dir am Herzen liegen (und die die Menschen um dich herum scheinbar gar nicht interessieren), die einzigartige Weise, auf die du etwas in dieser Welt bewirken möchtest ... Du hast sicher schon verstanden.

Mache Inventur. Wie wäre es, wenn du dich auf das konzentrierst, was Gott dir in den Schoß gelegt hat, statt deinen Blick auf das zu richten, was die anderen haben und du nicht?

Du hast nämlich viel mehr, als du denkst.

Lifehack Nr. 28

Wenn du dir zu viele Gedanken über die anderen machst

Kannst du dir vorstellen, wie es gewesen wäre, wenn es zur Zeit Jesu schon Facebook, Instagram und Co. gegeben hätte? Nach dem zu urteilen, was uns die Bibel über die zwölf Jünger verrät, fällt es nicht schwer, sich folgendes Szenario vorzustellen:

Jesus kommt nach einer Gebetsnacht auf irgendeinem galiläischen Berg zu seinen Jüngern zurück. Keiner der zwölf merkt überhaupt, dass Jesus wieder da ist, denn alle haben den Kopf über ihr Handy gebeugt. Thomas ist verunsichert und betreten, weil absolut gar niemand seine tiefgründigen Gedanken zum Thema „Glaube und Zweifel" auf Facebook kommentiert hat. Gleichzeitig ist er verwirrt und auch etwas eingeschnappt, weil 137 Personen ein albernes Video über ohnmächtige Schafe gelikt haben – und 16 haben es sogar geteilt –, das Bartholomäus am Vorabend gepostet hat.

Johannes flüstert Jakobus zu: „Wieso zum Kuckuck hat ausgerechnet Petrus so viele Follower bei Twitter?" Unglücklicherweise hört Jakobus seinen Bruder gar nicht, weil er so in Gedanken versunken ist und sich fragt, welche Konsequenzen wohl der Tweetstorm von Johannes dem Täufer zu der illegitimen Beziehung zwischen Herodes und seiner Schwägerin Herodias haben wird.

Derweil hat Matthäus gerade die neueste Hasstirade von Simon dem Zeloten gegen die RÖMISCHEN UNTERDRÜCKER gelesen, die mit Emojis, Ausrufezeichen und Großbuchstaben übersät ist. Er schaltet ihn in seinem Twitter-Account stumm (blockiert ihn aber nicht) und folgt ihm nicht länger auf Facebook (bleibt aber mit ihm befreundet). Andreas stellt ein Foto von der Gruppe beim Frühstück mit Fisch und Brot auf Instagram. Es sieht fast genauso aus wie all die anderen Frühstücksfotos, die er während der vergangenen beiden Wochen jeden Morgen gepostet hat. Judas Ischariot schaut ihm über die Schulter, seufzt, verdreht die Augen und macht seine Denarium-Finanzapp auf, mit der er seine jüngsten Investitionen in die Crypto-Währung verwaltet.

Jesus lässt den Blick über die Gruppe schweifen und überlegt einen Augenblick lang, ob er eine Plage über das Internet kommen lassen soll.

Das soll jetzt keine Strafpredigt über das Übel der sozialen Medien sein. (Obwohl ich manchmal denke, wenn der Teufel Jesus noch ein viertes Mal auf die Probe gestellt hätte, hätte er vermutlich versucht, ihn zu einem Facebook-Account zu überreden.)

Es geht in diesem Kapitel darum, unsere Mitmenschen auf die bestmögliche Art im Blick zu haben.

Das kann man auf zwei Arten. Die eine bringt alle – einschließlich Gott – zum Lächeln. Das ist die Art von Beziehung, wie sie in Philipper 2,3 – 4 beschrieben wird. Dein Ehepartner liest auf Facebook, dass ein ehemaliger Nachbar Probleme hat ... und setzt sich sofort ins Auto. Oder deine Mutter hört, dass jemand in finanziellen Schwierigkeiten steckt ... und zieht sofort ihr Scheckbuch. Oder du erfährst, dass deine Freunde nach vielen Versuchen endlich ihr erstes Kind erwarten ... und du überraschst sie mit einem Kuchen und Luftballons.

Und dann kannst du Menschen noch auf eine Art und Weise im Blick haben, die nicht so schön ist. Hier geht es auch um das, was sich im Leben anderer abspielt. Aber im Grunde handelt es sich dabei höchstens um distanzierte Neugier. Was noch schlimmer ist: Wir können dadurch schnell zu Kritikern oder Zweiflern werden.

Menschen des ersten Typs dienen. Sie sehen die Nöte anderer Personen und krempeln die Ärmel hoch. Menschen des zweiten Typs lauern. Sie sehen, was andere tun, und werden neidisch, machen gehässige Kommentare oder kochen innerlich.

Im Johannesevangelium wird, wie gesagt, von einer Begebenheit berichtet, bei der Petrus (und sechs weitere Jünger) dem auferstandenen Jesus am See Genezareth begegnen und mit ihm essen. Nach dem Frühstück fängt Jesus ein Gespräch mit Petrus an, das sowohl schmerzhaft als auch herzlich und freundlich ist. Kurz gesagt gibt er Petrus zu verstehen, dass der trotz seines schockierenden Verrats (Matthäus 26,69–75, Markus 14,66–72, Lukas 22,54–62, Johannes 18,15–18.25–27) immer noch ein wertvolles Teammitglied ist. Er baut Petrus wieder auf und spricht dann mit ihm über seine (Petrus') Zukunft, mit einer vagen Andeutung über seinen Tod.

Vielleicht ist Petrus es leid, im Mittelpunkt zu stehen, und es ist ihm peinlich, dass alle ihn anstarren, während Jesus auf sein jüngstes Versagen anspielt (und sehr geheimnisvoll über seine düstere Zukunft spricht). Er wendet den Blick ab und sieht Johannes. Sofort versucht er, das Scheinwerferlicht auf diesen zu lenken und das Thema zu wechseln: „Was ist mit ihm, Herr?" (Johannes 21,21; NL).¹

Jesu Antwort ist gigantisch: „Wenn ich will, dass er am Leben bleibt, bis ich wiederkomme, was geht das dich an? Folge du mir nach" (Vers 22; NL). Mit anderen Worten: „Petrus! Das Leben von Johannes, seine Zukunft, was er tut, das geht dich nichts an. Das ist alles eine Sache zwischen ihm und mir. Hör auf, dir Gedanken darüber zu machen, was andere tun. Konzentriere dich auf die Aufgabe, die ich dir gegeben habe – nämlich meine Herde zu weiden."

Dass wir ständig die Menschen in unserem Umfeld im Blick haben, ist eine Angewohnheit, die so alt ist wie die Menschheit selbst (1. Mose 4). Wenn sich früher die Schmitts ein neues Auto gekauft haben, haben die Nachbarn entweder versucht mitzuhalten oder wurden neidisch. Im Internetzeitalter hat sich dieses Phänomen noch verstärkt. Es ist noch nicht lange her, da musste man heimlich durchs Wohnzimmerfenster schauen, wenn man wissen wollte, was es bei den Nachbarn zu essen gab. Oder wenn man die Urlaubsfotos wildfremder Menschen angaffen wollte, musste man einen Job im Fotolabor haben. Heute nicht mehr. Heute kann man mit ein paar Klicks fast alles über fast jeden erfahren.

Und damit schlagen wir einen gefährlichen Weg ein. Wir behaupten, wir hätten einen Account bei Facebook und Co., um mit alten Freunden in Kontakt zu bleiben. Aber wenn wir nicht aufpassen, können unsere „Neugier und Sorge" sich langsam in Voyeurismus und dann Kritiksucht verwandeln.

Unser Leben kann sich im schlimmsten Sinn um andere drehen, und wir können zu neugierigen Gaffern werden, die so besessen sind vom Leben anderer, dass wir ganz vergessen, welchen Auftrag Gott uns gegeben hat.

Wenn wir merken, dass sich unser Leben auf ungesunde Weise um andere Menschen dreht, gibt es zwei hilfreiche Hacks.

Als Erstes sollten wir uns an die strengen Worte von Jesus an Petrus erinnern: „Was geht das dich an?" Auch Paulus' Frage an einige selbsternannte Ordnungshüter in Rom ist eine echte Herausforderung für mich: „Du bist nicht der Herr des anderen. Mit welchem Recht willst du ihn also verurteilen?" (Römer 14,4). Und der Kommentar meiner klugen Frau überzeugt mich ebenfalls: „Ich kriege mein eigenes Leben kaum auf die Reihe – warum sollte ich da das Leben eines anderen überwachen?"

Zweitens könnten wir regelmäßige Auszeiten von den sozialen Netzwerken nehmen, wenn wir merken, dass wir uns zu sehr auf das Leben anderer konzentrieren – vor allem wenn das überwiegend online geschieht. In der Denomination, in der ich groß geworden bin, waren Fastenzeiten kein Thema, aber im vergangenen Jahr habe ich von Aschermittwoch bis Ostersonntag auf Twitter, Facebook und Instagram verzichtet. In diesen sechs Wochen habe ich nichts gepostet und auch nicht geschaut, was andere gepostet haben.

Es war himmlisch.

Jesus musste seine Nachfolger im 1. Jahrhundert nicht vor den Gefahren der sozialen Netzwerke warnen. Aber irgendetwas sagt mir, dass er von uns modernen Gläubigen möchte, dass wir sie entweder nutzen, um anderen zu zeigen, wie wichtig sie uns sind, oder dass wir die Finger davon lassen.

Lifehack Nr. 29

Wenn du keine Lust hast, das zu tun, was du tun solltest

Die Beichte ist gut für die Seele – auch wenn sie nicht immer gut ist für den Ruf. Sei's drum. Ich riskier's mal. Hier also meine Beichte: Ich habe nicht immer *Lust,* das zu tun, was Gott die meiste Ehre geben und für andere zum größten Segen werden würde.

Versteh mich nicht falsch. An manchen Tagen wache ich auf und freue mich aufs Bibellesen und darauf, mit Gott zu sprechen, oder darauf, anderen zu helfen oder für einen guten Zweck zu spenden.

Aber ich kann es nicht leugnen: An anderen Tagen verspüre ich nicht das Bedürfnis, das zu tun, was gut und richtig ist. Ich habe viel zu oft keine *Lust*, meinen Mund zu halten. Oder ich bin nicht gerade scharf darauf, Gott in einer brenzligen Situation zu vertrauen. Manchmal durchforste ich mein Inneres auf der Suche nach einem wohligen religiösen Gefühl, das ich mir zu Nutze machen könnte, und stelle fest, dass in mir keine tiefe Leidenschaft lodert.

Ich würde dich ja fragen, ob du das kennst – aber ich denke, ich kenne die Antwort schon.

Können wir mal ehrlich über Gefühle reden? Unsere Gefühle sind wie ein Zimmer voller quirliger Kleinkinder. Sie klettern auf etwas rauf und fallen runter, rennen hin und her, glucksen freudig und weinen. Und unsere Gefühle sind genauso. Während eines einen Aufstand probt und du dich umdrehst, um die Sache zu regeln, verschwindet ein anderes einfach still und leise. Die gute Nachricht ist: Unsere Gefühle machen bloß kleine Nickerchen. Die schlechte Nachricht ist: Sie beruhigen sich nie alle gleichzeitig. Wenn du es gerade geschafft hast, eines zu besänftigen, machen die anderen unerwartet Theater. Unsere kleinkindartigen Gefühle können uns sowohl Freude als auch wahnsinnig machen, oft beides gleichzeitig. Und worauf können wir im Idealfall hoffen? Das, was eine müde, erfahrene Kindergärtnerin einmal gesagt hat: „Ich bekomme sie nicht vollständig unter Kontrolle, aber ich kann zumindest verhindern, dass sie das Sagen haben."

Genau darauf können wir hoffen.

So beschreibt die Bibel einen Glauben, der Gott die Ehre gibt: Gottes Volk soll mit tiefen Gefühlen leben, aber sich nicht davon leiten lassen. Mit anderen Worten: Man muss sich Gefühle immer eingestehen, aber sie dürfen nicht das Verhalten diktieren. Warum nicht? Weil Gefühle notorisch unbeständig und unvorhersehbar sind. Heute bist du von einer tiefen Liebe zu Gott erfüllt, und morgen ist dein Herz vielleicht zu Eis erstarrt.

Na gut, wenn die Gefühle nicht unser Handeln bestimmen sollen, wer oder was soll sie dann bestimmen? Einer der bekanntesten und am häufigsten zitierten Bibelverse drückt das so aus: „… der Gerechte aber wird durch seinen Glauben leben" (Habakuk 2,4; LÜ).[1] Der Apostel Paulus griff diesen Gedanken auf, als er schrieb: „Denn wir leben im Glauben und nicht im Schauen" (2. Korinther 5,7; NL). Ganz gleich, wie stark unsere Gefühle auch sein mögen, unser Glaube muss immer das Sagen haben. Mit dieser Einstellung gesteht der Psalmist David ganz ehrlich: „... ich weiß weder aus noch ein! Meine Augen sind vom Weinen ganz verquollen ... Unter Kummer schwindet mein Leben dahin." Aber dann kommt er zu dem Entschluss: „Ich aber, Herr, vertraue dir" (Psalm 31,10–11.15). Das größte Beispiel ist natürlich Jesus im Garten Gethsemane, der seinem Vater im Grunde sagt: „Ich reiße mich nicht um diese Aufgabe. Eigentlich *will* ich das nicht wirklich durchmachen, was du mir aufgetragen hast", aber „nicht, was ich will, sondern was du willst, soll geschehen" (Lukas 22,42).

Verstehst du? Zwei Dinge treffen auf unsere wechselhaften Gefühle zu: Wir müssen sie nicht leugnen, aber wir müssen uns auch nicht von ihnen herumkommandieren lassen. Weil wir wissen, dass nur der Glaube Gott gefällt (Hebräer 11,6), überlassen wir dem Glauben das letzte Wort. Wenn wir durch starke geistliche Leidenschaften getrieben werden – umso besser! Und wenn wir innerlich nichts fühlen, ist das auch in Ordnung. Wir leben im Glauben, nicht im Fühlen. C. S. Lewis hat einmal festgestellt: „Gefühle kommen und gehen, und wenn sie kommen, kann man sie sich zunutze machen. Aber sie können nicht unsere regelmäßige geistliche Nahrung sein."[2]

Welcher Hack hilft dir weiter, wenn du nicht gerade vor heiligem Verlangen triefst?

Meine Frau und ich lachen heute noch über einen Vorfall ganz am Anfang unserer Ehe. An die Einzelheiten können wir uns beide nicht mehr erinnern, nur dass wir schon so lange in den „heiligen Stand der Ehe" eingetreten waren, dass aus verliebten Blicken genervtes Augenverdrehen geworden war. Die Realität hatte der Romantik schon eine kräftige Abreibung verpasst. Ich erinnere mich noch daran, dass Cindi mich nach einer kurzen Auseinandersetzung ansah und nicht sehr überzeugend „Ich liebe dich" sagte. Ich antwortete rundweg: „Ich liebe dich auch ... *im Glauben.*"

Wir brachen in schallendes Gelächter aus. Rückblickend war das eine großartige Erkenntnis für zwei frisch Verheiratete: Es ist so einfach, sich zu lieben, wenn die Hormone in Wallung sind. Aber was ist, wenn man gar nichts fühlt? Oder noch schlimmer: wenn man wütend und müde ist?

Was wir beide meinten, war ungefähr Folgendes:

In diesem Augenblick empfinde ich keine wohligen, sentimentalen Gefühle für dich. Aber das macht nichts. Ich habe dir vor Gott und einem Haufen Zeugen etwas versprochen, also werde ich nirgends hingehen. Mit Gottes Hilfe werde ich dir treu sein. Ich werde mein Versprechen halten. Ich brauche kein Herzklopfen und kein romantisches Kerzenlicht, um das Richtige zu tun. In diesem Augenblick lebe – und liebe – ich im Glauben.

Im Glauben gibt weder eine bestimmte Dauer an noch ist das ein besonders eingängiger Ausdruck. Aber es ist ein toller Hack! Er hat unglaubliche Kraft! Wenn wir ihn in unser tägli-

ches Vokabular aufnehmen – und ihn von Herzen meinen –, verändert er alles:
- Ehrlich gesagt *ist mir danach* zu sündigen – etwas Kleinliches oder Gemeines zu sagen oder das Gespräch auf mich zu lenken oder eine der guten Gaben Gottes zu missbrauchen [Essen oder Sex], damit ich mich besser fühle. Aber im Glauben sage ich Nein zu dieser Versuchung und Ja zu Jesus Christus.
- *Mir ist nicht danach*, heute zur Arbeit zu gehen, aber im Glauben werde ich hingehen und darauf vertrauen, dass Gott mir Kraft und Freude schenkt. Ich werde daran glauben, dass Gott durch mich wirken kann und wird, um andere zu segnen.
- *Mir ist nicht danach*, den Kindern heute Abend vorzulesen – ich bin einfach fertig. Aber im Glauben werde ich einige schöne Minuten mit ihnen kuscheln und ihnen aus ihren Lieblingsbüchern vorlesen – und wer weiß, was Gott in dieser Zeit in ihnen bewirkt?
- *Mir ist nicht danach*, mit meiner Schwester über unseren heftigen Streit von gestern zu sprechen. Aber im Glauben werde ich jetzt gleich zum Telefon greifen, sie anrufen und darauf vertrauen, dass Gott mir Demut, Weisheit und die nötige Ruhe schenkt – und mir hilft, das zu sagen, was gesagt werden muss.

Vielleicht *ist dir heute danach*, etwas Falsches zu tun. Oder vielleicht *ist dir nicht danach*, das eine zu tun, das du dringend tun müsstest. Oder vielleicht fühlst du dich einfach nur verängstigt oder müde oder bist schlecht drauf.

Es ist in Ordnung, sich solche Gefühle einzugestehen. Aber wenn wir mit dem ganzen Gerede über Gefühle fertig sind, sollen wir im Glauben leben. Und das Komische ist, wenn wir aus dem Glauben heraus leben, merken wir oft, dass heilige Leidenschaften in unser Herz zurückkehren.

Lifehack Nr. 30

Wenn du mit Psalm-88-Gefühlen in einem Psalm-98-Gottesdienst sitzt

Bilde ich mir das nur ein, oder hat in den vergangenen Jahren die Zahl der Psalm-98-Gottesdienste zugenommen?

Falls du diesen Ausdruck – Psalm-98-Gottesdienst – schon einmal gehört hast – und ich vermute, dass das nicht der Fall ist, denn ich habe ihn mir gerade ausgedacht –, dann weißt du, dass wir in Psalm 98 aufgefordert werden, „dem Herrn ein neues Lied" zu singen (Vers 1).[1] Der Verfasser des Psalms weist darauf hin, dass Gott „Wunder getan" hat, wie zum Beispiel sein Volk zu retten, ihm treu zu sein und gerecht über die Welt zu herrschen. Am Ende wird er dann übertrieben überschwänglich und fordert *die ganze Schöpfung* auf, fröhlich mitzufeiern.

Ich bin überzeugt, wenn Anbetungsleiter diesen Psalm lesen, denken sie: *Wenn den Bergen befohlen wird zu singen und die Flüsse in die Hände klatschen sollen, dann werde ich nicht zulassen, dass unsere Leute mit verschränkten Armen dasitzen!* Deshalb werden wir in einem Psalm-98-Gottesdienst immer aufgefordert, aufzustehen, zu jubeln, die Hände zu heben und „freudig zu rufen". Diese Gottesdienste und vor allem die Anbetungsteile sind genauso, wie der Psalm es beschreibt:

voller Jubel! Sie sind meist lebhaft, fröhlich und laut. In einer Gemeinde, in der ich kürzlich war, wurden am Eingang Ohrstöpsel verteilt. Nein, das ist kein Witz. Statt Kerzenlicht und Weihrauch gab es Konzertbeleuchtung und Nebelmaschinen. Es war so eine Art Cheerleader-Veranstaltung für Gott.

Um eines klarzustellen: Ich bin schon oft voller Vorfreude in Psalm-98-Gottesdienste gegangen („Ich kann es kaum erwarten"). An manchen Sonntagen bin ich allerdings eher aus Pflichtgefühl hingegangen („Ich sollte das wohl tun").

In letzter Zeit war es eher Letzteres. Es war mehr Kampf als Freude. Mehr Pflicht als Verlangen. Ich gehe an vielen Sonntagen nicht etwa deshalb in die Gemeinde, weil ich ein neues Lied lernen oder vor Begeisterung laut rufen und klatschen will, sondern weil Christen eben dazu aufgefordert werden, sich zu versammeln (Hebräer 10,24 – 25). Ich gehe *im Glauben*. Und ich gehe hin, weil ich Angst davor habe, was aus mir werden würde, wenn ich nicht mehr hinginge.

An manchen Sonntagen denke ich: *Wenn ich meine müde Seele die Straße runterschleppe, wird Gott sie vielleicht heilen, erfüllen und verändern. Vielleicht werde ich heute mal ganz deutlich seine Stimme hören. Vielleicht durch die Predigt – egal, ob er mich darin tröstet oder liebevoll korrigiert. Ich kann beides gebrauchen. Wahrscheinlich wird die Musik laut sein – und ich kenne viele Lieder nicht –, aber vielleicht wird ein Songtext mich an eine geistliche Wahrheit erinnern, die ich vergessen habe. Vielleicht werde ich vorher oder hinterher im Foyer ein ermutigendes Gespräch mit jemandem führen, dem es genauso geht wie mir.*

Ich vermute mal, dass auch du manchmal in einem euphorischen Psalm-98-Gottesdienst sitzt und dich fühlst wie:

- *ein Schauspieler.* Das Lächeln, das du dir beim Hereinkommen abgerungen hast, spiegelt überhaupt nicht wider, wie es in dir aussieht.
- *ein Betrüger.* Die Anbetungsmusik ist zwar völlig leidenschaftlich, du selbst kannst das aber nicht empfinden. (Diese Songs, die von Gottes großer Liebe erzählen, sind zwar objektiv betrachtet wahr, aber sie klingen für dich irgendwie leer und hohl. Und ganz ehrlich: Wie kannst du – ohne eine Miene zu verziehen – von deinem tiefen Vertrauen in Gott singen, während dir gerade das fehlt?)
- *wie ein Außenseiter oder ein falscher Fünfziger.* Während du dastehst und dich zwischen all den erhobenen Händen und verzückten Gesichtern unwohl fühlst, wird dir deutlich, dass du nicht „dazugehörst". Es fühlt sich an wie damals, als du so getan hast, als würdest du dich mit deinen Freundinnen freuen, die gerade erfahren hatten, dass sie schwanger waren, während du im Stillen darum getrauert hast, dass es bei dir einfach nicht klappt.

In solchen Zeiten – wenn ich mich wie I-Aah der Esel in einem Raum voller anbetender Tieger[2] fühle – ist Psalm 88 mein Notfall-Hack.

Eine kurze Anmerkung zu den Psalmen: BibleGateway (biblegateway.com) zufolge wird kein anderes Buch der Bibel so oft gelesen. Warum sind die Psalmen so beliebt? Weil wir in diesen 150 antiken jüdischen Gebetsgedichten jede menschliche Erfahrung wiederfinden. Sie fassen die Gefühle, die wir alle irgendwann einmal durchleben, in Worte.

Es heißt, dass man die Psalmen im Großen und Ganzen in zwei Kategorien einteilen kann: Es gibt die, die im Wesentlichen „Halleluja" rufen (weil sie entweder Gottes Eigenschaften preisen oder ihm für seine Segensgeschenke danken), und die, die im Grunde „Hilfe!" schreien (und um Gottes Eingreifen bitten). Das ist stark vereinfacht – es gibt offensichtlich noch andere Arten von Psalmen (zum Beispiel Weisheitspsalmen und messianische Psalmen und Königspsalmen) –, aber generell gesehen ist es eine einigermaßen zutreffende Klassifizierung.

Psalm 88 gehört zu den „Hilfe!"-Liedern – oder zu dem, was Theologen einen Klagepsalm nennen. Die Klagepsalmen entstanden vor dem Hintergrund einer persönlichen oder nationalen Notlage. Und ihre Kernbotschaft? „Gott, ich stecke bzw. wir stecken in einem schrecklichen Schlamassel. Kannst du mich bzw. uns nicht retten?"

Viele Christen sind sich gar nicht bewusst oder haben vergessen, dass etwa ein Drittel von Israels Nationalgesangbuch aus diesen Klagepsalmen besteht! Bei ihnen handelt es sich nicht um wortgewandte, euphorische Dichtungen, und sie sind auch kein triumphaler Ausdruck ihres Glaubens. Im Gegenteil, sie sind oft düster und voller Verzweiflung.

Und der düsterste und verzweifeltste von allen – das ist Psalm 88. Der Verfasser dieses Gedichts erzählt davon, dass er aufgrund von schwerem Leid völlig niedergeschlagen ist. Er vergleicht sich mit einem Toten, der völlig vergessen in einer tiefen Grube liegt. Und der Lohn für all seine treuen Gebete? Schweigen. Er zweifelt unverblümt an der Güte des Gottes, der ihm ganz fern zu sein scheint und seine Ohren vor seinen Hilferufen verschlossen hat. Kannst du dir vorstellen, dass deine Gemeinde am nächsten Sonntag die Anbetung mit einem Lied beginnt, in dessen Refrain es heißt: „Warum hast du mich verstoßen, Herr? Warum verbirgst du dich vor mir?" (Vers 15). Oder wie wäre es mit einem Lied, das mit diesen

Worten endet: „Mein einziger Begleiter ist die Finsternis" (Vers 19)?

Würde sich das für dich wie Anbetung anfühlen? Und doch, so die Bibel, gehören diese Zeilen zu den Top-150-Anbetungsliedern aller Zeiten.

Ich liebe Psalm 88, weil er mein Verständnis von Anbetung aufbricht. Anbetung muss nicht immer ein lautes Psalm-98-Klatsch-Festival sein – und sollte es auch nicht. Die Botschaft der Klagepsalmen ist: Komm so, wie du bist. Und wenn du da bist, dann versteck dein zerbrochenes Herz nicht hinter einem unechten breiten Grinsen. Tu nicht so, als ob. Anbetung ist mehr, als die Hände zu heben und ekstatisch zu tanzen. Manchmal ist es auch Anbetung, Gott zu fragen: *Wo bist du?,* und dabei heftig zu schluchzen.

Es ist völlig in Ordnung, mit den eigenen Sorgen und der eigenen Trauer in den Gottesdienst zu kommen.

Und wenn ich so darüber nachdenke: Wohin sonst sollten wir uns denn damit wenden?

Lifehack Nr. 31

Wenn Produktivität zum Problem wird

Vor einigen Jahren bin ich im Internet auf einen Typen gestoßen, der ein „Produktivitätsguru" war. Du weißt schon, so ein Leistungsmensch – wahrscheinlich eine Drei im Enneagramm –, die Art Mensch, die immer „clever statt viel arbeitet" und „mehr Dinge in kürzerer Zeit erledigt". Diese Effizienz-Experten sind so effizient, dass sie jeden Tag einen Blogbeitrag und jede Woche einen Podcast veröffentlichen und trotzdem noch genug Zeit finden, um am laufenden Band Bestseller zu schreiben, Webinare zu halten, auf Konferenzen im ganzen Land zu sprechen und perfekte Familienfotos für ihre Website zu schießen.

Dieser Typ erregte meine Aufmerksamkeit. Er hat einen beeindruckenden Lebenslauf, und jede Menge erfolgreiche Menschen schwören auf ihn. Außerdem sprach er über „Ertragsströme".

Da ich manchmal ausgesprochen faul bin, könnte ich weiß Gott etwas organisierter, produktiver und motivierter sein – und mehr Ertragsströme fließen sehen. Also meldete ich mich prompt für seinen E-Mail-Verteiler an.

Und dann entdeckte ich wenig später: Der Typ ist echt. Er weiß viel und ist sehr kreativ. Er schickte mir bergeweise gutes

Material, das meiste davon kostenlos. Aber mal ehrlich: Nach einiger Zeit wurde es mir zu viel. Ich bekam fast jeden Tag etwas gemailt: einen neuen Blogbeitrag mit einem Gedanken, der „die Karten ganz neu mischt". Eine Aufstellung mit drei neuen Führungskompetenzen, die ich mir aneignen sollte. Fünf neue Wege, um produktiver zu sein. Einen brandneuen Onlinekurs, für den ich mich schnell anmelden sollte, weil er für Frühbucher nur 199 Dollar kostete.

Ich versuchte wirklich, Schritt zu halten. Aber nach zwei Monaten war ich völlig erschöpft – und eher gelähmt als produktiv. Ich hatte nicht die Zeit, diese Flut an Effizienztipps zu verarbeiten und umzusetzen, die dieser Guru mir jeden Tag schickte, und dabei immer noch mein Leben zu leben. Irgendwann stöhnte ich nach jedem neuen Tipp oder Kursangebot nur noch auf. Es stellte sich heraus, dass ich nicht besonders produktiv war, wenn es darum ging zu lernen, produktiv zu sein.

Ich meldete mich wieder ab.

Ich will an dieser Stelle keine Gardinenpredigt dagegen halten, vernünftiger mit der eigenen Zeit umzugehen oder sich Ziele zu setzen. In einem gewissen Rahmen ist Planung eine gute Sache. Wir haben nur dieses eine, kurze Leben, und wir sollten das Beste daraus machen.

Aber manchmal sind wir in unserem Streben nach Produktivität und Effizienz einfach zu fanatisch. Und dann betrachten wir die Zeit nicht länger als das wunderbare Geschenk, das sie eigentlich ist. Die Zeit ist nicht mehr der „Ort", an dem wir über die großen Mysterien des Lebens nachdenken und sie entdecken – und genießen –, sondern sie wird zum erbitterten Feind, den es zu bekämpfen gilt. Freizeit wird zum Unwort. Die Uhr ist nur noch ein Sklaventreiber, und jedes Ticken treibt uns bloß weiter an: „Beeil dich!" Daher begeben wir uns auf die schier endlose Suche nach zeitsparenden Lösungen und Strategien, um unser Leben noch stromlinienförmiger zu gestalten und noch mehr hineinzupacken.

Ich vermute mal, dass man im Leben so viele Hacks anwenden kann, dass es zum Schluss nur noch aus Kniffen und Abkürzungen besteht. Aber wenn man durch genügend Abkürzungen gehechelt ist, ist man am Ende genauso erschöpft wie dann, wenn man uneffektiv geblieben wäre. Die amerikanische Komikerin Lily Tomlin sagte einmal: „Das Dumme am Hamsterrad ist, auch wenn man es noch so schnell dreht, bleibt man trotzdem ein Hamster."

Vielleicht sollten die Produktivitätsgurus verpflichtet werden – genau wie die Pharmaindustrie –, einen Beipackzettel mit den Nebenwirkungen ihres „Mehr in weniger Zeit" mitzuliefern:

Zu den möglichen Nebenwirkungen des Produktivismus gehören Enttäuschungen – weil nicht alle Nutzer mit den gleichen Resultaten rechnen können. Häufig treten Beziehungsprobleme auf, eine Unfähigkeit, über Dinge zu staunen, sowie zunehmende Erregung, wenn Ihre Produktivität durch unvorhersehbare Dinge vereitelt wird.

Leistungszwang führt nachweislich zu Kopfschmerzen, nervösen Magenbeschwerden sowie einem deutlichen Mangel an Feingefühl gegenüber anderen etc.

Ich bin nicht länger davon überzeugt, dass Produktivität und Effizienz an sich eine Tugend sind. Und zwar deshalb: Ich habe wohlmeinende Menschen getroffen (einschließlich dem Typen, den ich fast jeden Morgen rasiere), die sich in dem Bestreben, „möglichst viel in möglichst wenig Zeit zu erledigen", zu durchgeknallten, getriebenen Tyrannen entwickelt haben. Produktivität kann sich zu einer Art Sucht entwickeln, die der Seele großen Schaden zufügt. Und die Besessenheit von Effizienz kann sich in die übelste Sorte von Ungeduld verwandeln. Gandhi hatte recht, als er sagte: „Man kann mit dem Leben mehr anfangen, als es immer nur schneller zu leben."

Letztlich läuft es auf Folgendes hinaus: Wollen wir unsere Tage mit Peitsche und Schemel in die Ecke drängen, um ihnen zu zeigen, wer hier das Sagen hat? Wollen wir unser einziges Leben in den Schwitzkasten nehmen? Oder wollen wir uns am Leben erfreuen?

Wenn du versuchst, immer produktiver zu sein, und dadurch frustriert, leer oder entmutigt bist, habe ich den passenden geistlichen Hack für dich: Erlaube dir, mindestens eine halbe Stunde am Tag unproduktiv zu sein.

Ich meine es ernst. Hör auf mit dem, was du gerade tust. Hör auf, so verdammt verantwortungsbewusst zu sein. Sei mal vorübergehend „außer Betrieb".[1] Vergiss einfach mal 30 Minuten lang alle möglichen Methoden zum Zeitsparen, alle möglichen Tages- und Wochenziele. Nimm dir deine heißgeliebte To-do-Liste, und steck sie dir ... äh, du weißt schon ... in die unterste Schublade deines Schreibtischs.

Und dann geh nach draußen. Setz dich auf eine Wiese.

Schließe die Augen. Atme tief durch. Höre hin. Spüre den Wind oder die Sonne oder, wenn du Glück hast, die Regentropfen oder Schneeflocken auf deinem Gesicht. Öffne wirklich die Augen, und nimm deine Umgebung wahr.

Schau nach unten. Suche einen Käfer, der macht, was Käfer eben so machen. Beobachte ihn eine Minute lang. Stell dir dann zwei Minuten lang vor, was Käfer wohl so zum Spaß tun.

Blick dich danach um. Schau in den blauen Himmel, betrachte die Wolken und die Vögel. Denke daran, dass die Erde, auf der du gerade sitzt, mit weit über 100 000 Kilometern pro Stunde durchs Weltall rast. Das ist schnell genug. Da musst du nicht auch noch rasen.

Bete. Danke Gott für die viel zu wenig geschätzte Gabe, innezuhalten und einfach nur zu sein. Danke ihm dafür, dass die Welt nicht untergegangen ist, während du für lächerliche 30 Minuten einmal innegehalten hast. Danke ihm dafür, dass dein Wert und seine Liebe nicht davon abhängen, wie effektiv du bist oder wie viel du erledigen kannst.

Ich will dieses Kapitel mit einer Anekdote, einer Ermutigung und einer Theorie abschließen.

Die Anekdote: Etwa ein Jahr nachdem ich mich vom E-Mail-Verteiler dieses Produktivitätsgurus abgemeldet hatte, schrieb er mir erneut. Diesmal bot er einen Kurs an, in dem man lernen konnte, wie man es vermeidet, so viel zu tun, dass man ausbrennt. Angesichts dieser Ironie konnte ich nur lächelnd den Kopf schütteln.

Die Ermutigung: Falls du *tatsächlich* eine Zeitmanagement-App oder ein E-Book oder einen Tipp für mehr Produktivität findest, die dein Leben bereichern, dann wünsche ich dir Gottes Segen! Wende sie auf jeden Fall dankbar an. So verrückt das auch klingt, aber ich will damit nur sagen, dass manchmal weniger wirklich mehr ist. Und gelegentlich ist Ineffizienz kein Fluch, sondern ein Segen.

Die Theorie: Ich habe das dumpfe Gefühl, dass wir im Himmel einmal erfahren werden, dass Gott all diese unbeschreiblichen Sonnenuntergänge nur deshalb an den Himmel gemalt hat, damit wir Menschen mal aufhören, durch den Tag zu hetzen und Listen abzuhaken, und ganze 30 Minuten lang mit offenem Mund staunend dasitzen.

Lifehack Nr. 32

Wenn du mit etwas neu anfängst

Denke mal kurz darüber nach, womit die Menschen jeden Tag so anfangen. Während du mit deinem regelmäßigen Frühsport anfängst, startet deine Nachbarin ihr Auto (damit sie etwas früher anfangen kann zu arbeiten). Freunde, die in einem anderen Bundesland leben, freuen sich über den Ferienbeginn. Eine Kollegin fängt mit einer neuen Diät an.

Im Nachbarhaus fängt ein zehn Monate alter Fratz an zu laufen. Am späten Vormittag fängt in einer Klinik am anderen Ende der Stadt eine nervöse Mutter mit ihrer ersten Chemotherapie an. Beim Mittagessen beschließen zwei clevere junge Leute, ein Start-up zu gründen.

Deine Nachbarin beeilt sich, nach der Arbeit nach Hause zu kommen, um mit dem Abendessen anzufangen, und ihre beiden Kinder fangen an zu streiten, statt mit ihren Hausaufgaben anzufangen. In einer angesagten Kneipe im Szeneviertel der Stadt fangen zwei wildfremde Menschen eine Unterhaltung an (und in zwei Wochen auch eine Beziehung). Und einige Stunden später wird ein junges Ehepaar in einer Vorstadtwohnung anfangen, eine Familie zu gründen!

Wir Menschen sind echte *(Neu-)Anfänger*. Wir fangen ständig irgendetwas an: Aufgaben, Hobbys, Gewohnheiten.

Manchmal fängt ein ganz gewöhnlicher Mensch an, etwas in Bewegung zu setzen, ohne zu ahnen, dass es sich zu einer großen Bewegung entwickeln wird.

Du kannst einfach nicht *nichts* anfangen. Wenn du morgens aufwachst, fängt ein neuer Tag an. An diesem neuen Tag wirst du Unterhaltungen anfangen, vielleicht auch eine neue Freundschaft eingehen. Du wirst anfangen, an etwas zu arbeiten – vielleicht fängst du bei null an, oft aber auch dort, wo du am Vortag aufgehört hast.

Womit auch immer du beginnst – mit dem neuen Tag, dem neuen Job, dem neuen Jahr, einer Besprechung, einer Verhandlung, einer guten Gewohnheit, einem Kurs oder einem Vorstellungsgespräch –, du wünschst dir, dass es gut läuft.

Gibt es einen geistlichen Hack, der dir dabei hilft?

Ganz bestimmt.

Etwa um 57 n. Chr. fing auch der Apostel Paulus etwas an – sein Meisterwerk, das unter dem Begriff „Römerbrief" bekannt ist. Dabei ging es ihm darum, den Christen in Rom durch einen langen Brief dabei zu helfen, das zu verstehen, was manchmal auch „die Gute Nachricht" genannt wird: nämlich warum Jesus auf diese Erde kam, dass er für uns starb und von den Toten auferstand.

Eugene Peterson gibt Paulus' Erklärung des christlichen Glaubens mit den folgenden Worten wieder:

Da wir ... bewiesen haben, dass wir restlos unfähig sind, das per-

fekte Leben zu führen, das Gott für uns vorgesehen hat, hat Gott es für uns getan. Und er hat es durch Jesus Christus getan. Gott hat Jesus auf dem Altar dieser Welt geopfert, um sie von Sünde zu reinigen. Ihm zu vertrauen, macht uns rein. (Römer 3,23–25; The Message)

Bemerkenswert! Paulus macht hier auf unterschiedliche Weise deutlich, dass wir noch einmal neu anfangen können, wenn wir unser Vertrauen auf Jesus setzen. Und wir fangen mit mehr als nur einer weißen Weste von vorne an; wir bekommen außerdem noch ein ganz neues Leben! Das bedeutet, dass wir nicht mehr so weiterleben müssen wie bisher. Durch das, was Jesus Christus für uns getan hat, bekommen wir die Kraft, ganz anders zu leben. Auf der Grundlage dieser Tatsachen erklärt Paulus den Gläubigen der Antike (und uns):

Nichts, keinen einzigen Teil eures Körpers, sollt ihr der Sünde als Werkzeug für das Unrecht zur Verfügung stellen. Dient vielmehr Gott mit allem, was ihr seid und habt. Als Menschen, die ohne Christus tot waren, aber durch ihn neues Leben bekommen haben, sollt ihr jetzt Werkzeuge in Gottes Hand sein, damit er euch für seine Ziele einsetzen kann. Römer 6,13

„Dient vielmehr Gott mit allem, was ihr seid und habt ... damit er euch für seine Ziele einsetzen kann." *Daran* sollen wir uns am Anfang eines Tages, bei einer angespannten Unterhaltung, einem romantischen Date oder einem Projekt erinnern. Das ist der Hack, der bei jedem (Neu-)Beginn eine große

Rolle spielen kann. Für mich läuft es auf ein einfaches Ganzkörpergebet hinaus, das sich in etwa so anhört:

Lieber Gott, bevor ich _____ anfange, will ich **mich** *dir wieder neu hingeben. Danke, dass du mir durch Christus ein neues Leben geschenkt hast. Danke, dass ich nicht mehr für mich selbst leben muss, sondern alte Fehler hinter mir lassen darf. Danke für das Versprechen, dass du mich gebrauchen willst, um deine Ziele für mich und für diese Welt zu erreichen.*

Bitte nimm jetzt jeden Teil von mir. Erfülle **meinen Verstand** *mit deinen Gedanken und* **mein Herz** *mit deiner Liebe. Herr, ich bringe dir auch* **meine Augen.** *Mögen sie alles – dich, die Welt, die Menschen, die Situationen, mich selbst – so sehen, wie du es siehst. Nimm* **meine Ohren.** *Lass mich durch all die lauten und widersprüchlichen Stimmen dieser Welt deine Stimme hören. Verwandle mich in einen aufmerksamen Zuhörer, damit ich ein offenes Ohr für die Nöte anderer Menschen habe.*

Hier ist **mein Mund,** *Gott. Bitte kontrolliere du ihn. Stelle einen Wächter davor. Lass mich nur Dinge sagen, die im Einklang mit deinem Willen sind. Nimm auch* **meine Hände.** *Setze sie in Bewegung. Ob sie umarmen, hochheben, tragen oder tippen: Alles, was ich tue, soll zu deiner Ehre und für andere ein Segen sein.*

Als Letztes gebe ich dir **meine Füße.** *Schenke mir die Demut und den Mut, dorthin zu gehen, wo du mich haben willst, und so zu dienen, wie du es von mir willst.*

Benutze diesen Hack in den nächsten Tagen, bevor du mit dem anfängst, was jeweils dran ist. Und dann warte ab, was passiert.

Lifehack Nr. 33

Wenn dein Leben aus dem Gleichgewicht gerät

Auf der Uni habe ich zwei Geologiekurse besucht. Das reicht nicht aus, um eine Stelle als Vulkanologe anzutreten, aber ich habe in den Vorlesungen zumindest die folgende wissenschaftliche Tatsache gelernt: Es gibt drei Arten von Gestein: *Splitt, Steine* und *Felsblöcke.*[1]

Seit der Zeit auf der Uni habe ich auch noch einen hilfreichen Lifehack entdeckt, der zu meinem riesigen geologischen Fachwissen passt:
Sorge immer dafür, dass ein Stein in der Nähe ist.

Steine muss man einfach mögen. Man kann flache Steine übers Wasser hüpfen lassen. Man kann Steine aufeinanderstapeln und Steinmännchen bauen. Kann zusehen, wie Schotter elegant aus dem Kipplaster vor dir gleitet und in dein ... ähm, schlechtes Beispiel, aber egal.

Es stimmt zwar, dass Splitt einen Riss in die Windschutzscheibe machen kann, Steine uns verletzen und herabstür-

zende Felsblöcke auf einer Gebirgsstraße ein Auto zerquetschen können, aber ich behaupte mal, dass Steine trotzdem weitaus mehr Vor- als Nachteile haben.
- *Felsen bieten Schutz.* Warum ist felsiges Gelände das Zuhause von Steinschafen und Bergziegen? Wahrscheinlich aus demselben Grund, weshalb Schlüsselverstecke für draußen oft die Form von Steinen haben.
- *Felsen sind gleichbedeutend mit Stabilität.* Was tun Architekten und Bauleute bei einem neuen Bauprojekt als Erstes? Entweder 1. sie verankern das Gebäude in felsigem Untergrund oder 2. sie gießen ein Fundament aus Beton, was nichts anderes ist als ein großer, flacher, menschengemachter Fels. Wenn wir beschreiben wollen, dass etwas sehr stabil und verlässlich ist, sagen wir gern, es sei „felsenfest".
- *Felsen sind lange haltbar.* Weißt du, wie alt Stonehenge ist? Ob du es glaubst oder nicht, aber die mächtigen Druidensteine, die bei Amesbury in England diesen mysteriösen Kreis bilden, sehen seit über fünftausend Jahren Königreiche kommen und gehen! Jeder dieser Steine wiegt zwischen 25 und 50 Tonnen und wird sich in absehbarer Zeit nirgends hinbewegen.
- *Steine sind schön und kostbar.* Wie reagieren wir, wenn eine Braut uns stolz ihren glitzernden Zweikaräter unter die Nase hält? „Oh!", rufen wir. „Was für ein schöner Stein!"
- *Steine sind vielseitig verwendbar.* Was brauchst du? Einen Briefbeschwerer? Eine schöne, strapazierfähige Arbeitsfläche in der Küche? Stein ist da das richtige Material. Du brauchst Baumaterial für ein Denkmal? (Tipp: Nimm lieber weder Plastik noch Holz. Nimm Stein.)
- *Felsen haben eine geistliche Seite.* Im Ernst, in der Bibel wer-

den Felsen und Steine wiederholt erwähnt. In 1. Mose erscheint Gott Jakob zum Beispiel eines Nachts im Traum. Am nächsten Morgen, als Jakob aufwacht, stellt er den Stein, der in der Nacht als sein Kopfkissen gedient hat, als Gedenkstein auf (1. Mose 28). Viele Jahrhunderte später verleiht Gott Mose in der Wüste die übernatürliche Fähigkeit, aus einem Felsen Wasser fließen zu lassen (2. Mose 17,6). Kurze Zeit später gibt er Mose am Sinai zwei „Steintafeln, auf denen die Gesetze des Bundes festgehalten waren. Gott selbst hatte die Worte auf diese Tafeln geschrieben" (2. Mose 31,18).

Nachdem sie den Jordan überquert hatten, befahl Josua dem Volk Israel, zum Andenken an ihre Ankunft im Verheißenen Land einen großen Steinhaufen zu errichten (Josua 4). Später entledigte sich David mithilfe seiner Steinschleuder des Riesen Goliath, und er benötigte dafür nur einen einzigen Stein (1. Samuel 17,40–50). In den Psalmen – und das ist das Wichtigste – bezeichnet David Gott immer wieder als seinen Fels (Psalm 18,3.32.47; 19,15; 28,1; 31,3–4; 62,3.7–8; 144,1). Im Alten Testament wird auch der zukünftige Grundstein erwähnt (Psalm 118,22; Jesaja 8,14; 28,16), in dem die Apostel im Neuen Testament Jesus Christus erkennen (Matthäus 21,42, Römer 9,33, 1. Petrus 2,6). Sogar die Menschen, die Jesus ihr Leben anvertraut hatten, werden als lebendige Steine bezeichnet, und es heißt, dass Gott aus ihnen ein geistliches Haus erbaut (1. Petrus 2,4–10).

Das sind nur ein paar Gründe dafür, weshalb ich immer Steine griffbereit habe – und weshalb du das auch tun solltest.

Lege dir einen auf den Schreibtisch oder den Esstisch oder in die Mittelkonsole deines Autos. Unsere Welt ist so vergänglich; Dinge, die uns heute wichtig sind, sind morgen schon bedeutungslos; Umstände verändern sich; und finanzielle Situationen sind geradezu prekär – da ist es ausgesprochen hilfreich, wenn man einen massiven Stein griffbereit hat, der uns daran erinnert, dass es etwas oder vielmehr jemanden gibt, der sich nie verändern wird.

Niemand hat gern einen Stein im Schuh. Aber einen Stein in der Tasche? Das ist etwas anderes. Wenn deine Familie einen Schicksalsschlag erleidet oder du knapp bei Kasse bist oder wenn ein Freund gesundheitliche Probleme hat und dein Glaube ins Wanken kommt, kannst du den Stein in die Hand nehmen und zum Beispiel Folgendes beten:

- *Gott, hilf mir, heute daran zu denken, dass du mein Fels bist, mein Zufluchtsort, meine Burg.*
- *Vater, schenke mir einen Glauben, der fest und beständig ist wie dieser Stein. Schenke mir einen Glauben, der einen ganzen Berg versetzen könnte.*
- *Jesus, schenke mir die Weisheit und den Willen, heute genauso an dir festzuhalten, wie ich diesen Stein halte.*
- *Gnädiger Gott, es kommt mir so vor, als würde alles über mir zusammenbrechen. Stelle meine Füße auf den Felsen, und lenke meine Schritte. Führe mich zu dem Felsen, der größer und mächtiger ist als ich.*
- *Gott, bitte hilf mir dabei, heute Dinge zu sagen, die „Gewicht" haben, die trösten und Kraft schenken.*

Das Ganze ist aber kein Trick. Und diese Art Stein ist auch nicht die christliche Version eines Glückssteins, die es in Esoterikläden zu kaufen gibt. Es ist einfach nur eine Methode, um sich daran zu erinnern, dass Gott wie ein Fels ist – nur noch unendlich viel mehr. Er ist stark. Er schenkt uns Halt. Er hat Gewicht. Er hat Bestand. Er ist zuverlässig. Und er kann uns dabei helfen, ein bisschen mehr so zu werden wie er.

Lifehack Nr. 34

Wenn dir alles nur noch grau und trübe vorkommt

Bei seiner ersten Amtseinführung sprach Präsident Franklin D. Roosevelt 1933 die bekannten Worte: „Das Einzige, wovor wir Angst haben müssen, ist die Angst selbst."

Ein knappes Jahrhundert später sagt uns das Internet, dass das Einzige, was wir zu fürchten haben, so ziemlich alles ist.

„Unser Planet ist überbevölkert, brennt an allen Ecken und Enden, erleidet ständig Erdbeben, wird überflutet und erlebt einen gravierenden Klimawandel!", warnen uns die Fachleute. „Asteroiden kommen auf uns zu!", rufen die Experten und fügen hinzu: „Während wir uns im Internet Filme anschauen und Selfies machen, schmieden Terroristen Pläne, schweben UFOs über uns, und die Roboter übernehmen langsam die Herrschaft. Alle stecken unter einer Decke. Und jeder, der etwas anderes sagt, verbreitet Fake News."

Ständig scrollt man und klickt auf Links. Weltweite Armut, Drogenmissbrauch und die Kosten des Gesundheitswesens steigen, während gesunde Nahrungsmittel, sauberes Wasser und Anstand auf dem Rückzug sind. Während du durch den digitalen Ozean der Hoffnungslosigkeit surfst, wirst du ständig daran erinnert, dass Viren mutieren und uns Pandemien drohen. *Klick*. Ein unfassbares Verbrechen. *Klick*. Unglaublicher Rassismus. *Klick*. Herzzerreißende Verzweiflung.

Du schiebst den Schreibtischstuhl zurück, seufzt tief und spürst, dass sich das schicksalsschwere Verhängnis wie eine nasse Decke auf dich legt. Die Welt wird untergehen! Welche Chance haben wir da noch? Vielleicht rollst du dich dann in Embryonalstellung zusammen. Oder du schlurfst zum Gefrierschrank, um dich mit einer Familienpackung Eis zu trösten.

Aber vielleicht brauchst du ja gar kein Eis. Vielleicht brauchst du einfach nur einen *guten Spielverderber*.

Spielverderber sind echt übel. Im Pausenraum auf der Arbeit musst du bloß erwähnen, dass du die letzte Folge deines Lieblingskrimis noch nicht gesehen hast. Deine rücksichtslose Kollegin schüttelt den Kopf und meint: „Ich weiß gar nicht, wie die Serie ohne Detective Richard Poole weitergehen soll! Der wurde doch tatsächlich erstochen!" (Da fällt dir urplötzlich jemand ein, den *du* jetzt gern umbringen würdest.)

Andererseits gibt es Menschen, die Spielverderber *lieben*. Das habe ich kürzlich herausgefunden, als ich auf Twitter und Facebook eine sehr umfassende und hochwissenschaftliche Studie[1] durchgeführt habe. Ich habe dort folgende Frage gestellt: „Wenn du einen Roman liest – vor allem einen spannenden Thriller –, hast du da schon mal geschaut, wie das Buch ausgeht, um deine Nerven zu beruhigen?"

Von 93 Teilnehmern gaben 34 Prozent zu, schon mal den Schluss zuerst gelesen zu haben! Von denen, die zugaben, dass sie hin und wieder spicken, kommentierten manche: „Wenn die Spannung zu groß wird, *muss* ich einfach das Ende lesen, damit ich mich wieder so weit beruhige, um weiterlesen zu können." Eine geständige Spickerin schrieb, eine Freundin habe ihr einmal erzählt, „eine Studie hat gezeigt, dass Menschen, die das Ende im Voraus kennen, die Reise mehr genießen. Daran halte ich mich. LOL."

Ob du es glaubst oder nicht: Eine solche Studie gibt es tatsächlich. Sie wurde von Jonathan Leavitt und Nicholas Christenfeld an der Universität von Kalifornien in San Diego durchgeführt und 2011 in *Psychological Science*[2] veröffentlicht. In drei getrennten Versuchen fanden die Wissenschaftler heraus, dass die sogenannten „Spoiler" den Genuss einer Geschichte nicht verderben, sondern ihn sogar noch steigern. Christenfeld verglich dieses Phänomen mit einer Autofahrt auf einer wunderschönen, aber gefährlichen Küstenstraße. Wenn du die Strecke zum ersten Mal fährst, bist du völlig fertig mit den Nerven und hältst das Lenkrad krampfhaft umklammert. Du bist wegen der zahllosen Kurven so angespannt, dass dir die atemberaubende Landschaft völlig entgeht. Aber wenn du die Strecke schon kennst und weißt, wohin die Straße jeweils führt, kannst du dich ein wenig entspannen und die Schönheit mehr genießen.

Das erklärt auch, warum wir Filme und Bücher beim zweiten oder sogar dritten Mal oft mehr genießen. Deshalb gucke ich mir bestimmte Filme – wie zum Beispiel *Auf der Flucht*, *Apollo 13* oder *Eine Frage der Ehre* – jedes Mal mit großer Begeisterung an, wenn sie im Fernsehen laufen, obwohl ich das Ende praktisch auswendig kenne.

Offenbar treffen zwei widersprüchliche Dinge zu: Wir lieben Überraschungen; sie machen uns Spaß. Und gleichzeitig ist es von Vorteil (und kein Nachteil), wenn man weiß, was kommt.

Und was ist der Hack, der uns hilft, wenn wir vor lauter traurigen Nachrichten am liebsten nur noch Trübsal blasen würden? Wir sollten einfach mal das Ende des Buches lesen – die Kapitel 21 und 22 der Offenbarung. Wenn wir einen Blick auf das werfen, was einmal *sein wird*, bekommen wir neue Hoffnung, um uns dem zu stellen, was *ist*.

Gott schenkt dem Apostel Johannes einen Ausblick auf das Ende der Welt, aber auch auf den Beginn der neuen Welt, die noch kommen wird. Da ihm nur unser begrenzter Wortschatz zur Verfügung steht, ringt Johannes sehr damit, die unbeschreibliche himmlische Realität in Worte zu fassen.

Er sieht „einen neuen Himmel und eine neue Erde". Dann kommt plötzlich eine Stadt – die Johannes „das neue Jerusalem" nennt – vom Himmel herab, wie eine wunderschöne glitzernde und funkelnde Braut, die den Mittelgang der Kirche entlangschreitet. Inmitten all dieser Herrlichkeit vernimmt der Apostel eine Ankündigung. Gott, der Allmächtige, ist da! Nicht für ein kurzes Gastspiel, sondern um hier zu wohnen! Er wird für immer bei seinem Volk leben, um ihre Tränen abzuwischen und ihr Leben für immer mit seinem Licht zu erhellen. Gott verkündet das Ende von Chaos und allem Bösen, das die Welt seit jener großen Rebellion im Paradies im Griff hat. „Es wird keinen Tod mehr geben, kein Leid, keine Klage und keine Schmerzen" klingt sehr nach einer Rückkehr in den Garten Eden, oder?

In ganz irdischen Worten ausgedrückt, bedeutet Gottes atemberaubendes Versprechen, dass es keine Demenz, keine Gräber, keine Polizeiakten oder Gerichtssäle mehr geben wird. Es wird der Tag kommen, an dem die Welt keine Onkologen oder Eheberater mehr braucht. Gott sei Dank werden wir das Ende von Rassismus, Drogenrehazentren, Waisenhäusern und Menschenhandel erleben.

Wenn ich die ehrfürchtigen Beschreibungen von Johannes lese, kann ich beinahe hören, wie er die gleiche Frage flüstert, die auch Sam Gamdschie am Ende von J. R. R. Tolkiens *Der Herr der Ringe* stellt: „Stellt sich alles Traurige als falsch heraus? Was ist mit der Welt geschehen?"

Gottes Antwort darauf – oder seine freudige Ankündigung – lautet: „Sieh doch, ich mache alles neu!" (Offenbarung 21,5).

Wir leben in einer zerrütteten Welt, in der kaputte Menschen immer wieder die falschen Entscheidungen treffen, und hier kann die Vision von Johannes ein gutes Stärkungsmittel und ein hilfreicher Hack sein. Ja, er nimmt das Ende vorweg – aber damit „verdirbt" er uns nur all die düsteren, hoffnungslosen Gedanken, die sich ständig in unserem Herzen einnisten wollen.

Lifehack Nr. 35

Wenn du ständig vergisst, worauf es ankommt

Eine der packendsten Geschichten, die ich kenne, erzählt der kolumbianische Schriftsteller Gabriel García Márquez in seinem berühmten Roman *Hundert Jahre Einsamkeit*.

Er erzählt darin eine Episode, in der das abgelegene Dorf Macondo von einer Pest heimgesucht wird, die dafür sorgt, dass ihre Bewohner nicht schlafen können. Aber die Schlaflosigkeit ist noch nicht das Schlimmste. Schon bald gleiten die erschöpften Dorfbewohner in den „Zitterboden des Vergessens" ab. Sie können sich nicht einmal mehr an die Namen einfacher Alltagsgegenstände erinnern wie Tisch, Stuhl, Uhr oder Tür. In dem verzweifelten Versuch, ihrem Gedächtnis auf die Sprünge zu helfen, kleben sie kleine Schilder an *alles*.

Was mir bei dieser Geschichte am meisten unter die Haut gegangen ist? Am Eingang des Ortes stellen sie ein Schild mit der Aufschrift „GOTT EXISTIERT" auf.

Meine Mutter starb 2016 an den Folgen der sogenannten Pick-Krankheit (oder auch Frontotemporale Demenz, FTD). Jemand hat diese schreckliche Erkrankung, die Alzheimer ähnelt, einmal so beschrieben: Stell dir dein Gehirn wie eine gigantische Schreibtafel vor, auf der alle Tatsachen deines Lebens stehen. Diese Krankheit nimmt jeden Tag einen Schwamm und wischt einmal quer über die Tafel.

Und genau so ist es auch. Meine Mutter fing, wie die fiktiven Bewohner von Macondo, an, ganz alltägliche Wörter zu vergessen: Löffel, Schüssel, Rollstuhl. Mit der Zeit konnte sie sich an fast gar nichts mehr erinnern: nicht daran, wie man Schuhe anzieht, nicht an die Namen ihrer Kinder und nicht daran, dass sie 66 Jahre ihrer 89 Lebensjahre verheiratet war.

So wie die Fähigkeit, sich zu erinnern, ein erstaunlicher Segen ist, ist das Vergessen ein entsetzlicher Fluch.

Ich habe das Gefühl, dass wir uns grundsätzlich auf zwei Arten erinnern. Die erste funktioniert ungefähr so: Du gehst deinem Alltag nach und wirst ganz unerwartet – vielleicht durch eine Stimme oder ein altes Lied oder einen Geruch – von der Gegenwart in die Vergangenheit versetzt. Plötzlich siehst du vor deinem inneren Auge das Gesicht von jemandem, an den du schon ewig nicht mehr gedacht hast, oder durchlebst eine Situation, an die du schon seit Jahren nicht mehr denken musstest. Diese Art der Erinnerung kann schön oder traurig sein. Oft ist es ein wenig von beidem.

Eine zweite Art ist die absichtliche, zielgerichtete Erinnerung. Statt passiv auf zufällig auftretende Erinnerungsfetzen zu warten, *versuchen* wir, uns an wichtige Ereignisse, Fakten oder Erfahrungen zu erinnern. Diese Art der Erinnerung praktizieren wir, indem wir Geburtstags- und Terminerinnerungen in unser Smartphone eintragen oder uns einen Ehering an den Finger stecken. Wir praktizieren das, wenn wir inspirierende Aussprüche auswendig lernen, damit wir sie uns vorsagen können, wenn wir entmutigt sind. Wir praktizieren es, wenn wir Gedenktage feiern (wie zum Beispiel Karfreitag oder den Totensonntag). Anders als die reaktive Erinnerung hat diese Art der aktiven Erinnerung kein Interesse an nostalgischen Ausflügen in die Vergangenheit. Sie wählt vielmehr bedeutsame Ereignisse, Versprechen oder Lektionen aus der Vergangenheit aus und transportiert sie in die Gegenwart.

Rate mal, welche Art der Erinnerung dir guttut?

Das Volk Israel war schon ganz ungeduldig. Die Menschen wollten endlich das Gelobte Land betreten. Doch ihr Anführer Mose zögerte, sie gehen zu lassen. Er war ein bisschen wie ein nervöser Vater, der sein ältestes Kind zu einer weit entfernten Uni fährt und weiß, dass er es dort zurücklassen muss. Als Mose erkannte, dass er nicht mehr lange leben würde, griff dieser Mann, der früher einmal darauf bestanden hatte, dass öffentliche Reden nicht gerade seine Stärke waren (2. Mose 4,10), zu einer Art geistlichen Verzögerungstaktik. Plötzlich sprudelten die Vorträge, letzten Anweisungen und Warnungen nur so aus ihm heraus.

In seinen letzten Worten – dem 5. Buch Mose – sprach Mose ausführlich über die menschliche Neigung, geistliche Wahrheiten zu vergessen, und die Notwendigkeit, sie sich in Erinnerung zu rufen.[1] Die Kernaussage seiner Botschaft war: *Vergesst nicht, dass es Gott gibt!* Das hebräische Wort *zakar*, das in deutschen Bibeln mit „erinnern" übersetzt wird, spielt – Überraschung! – auf diese zweite Art des Erinnerns an – die aktive, absichtsvolle Erinnerung. Es bedeutet „in Erinnerung rufen, ins Gedächtnis rufen". Mose bat die Israeliten inständig, sich die Wahrheiten und Lektionen aus der Vergangenheit, die ihnen ein besseres Leben in der Gegenwart bescheren würden, energisch und regelmäßig ins Gedächtnis zu rufen.

Er forderte das Volk Israel nachdrücklich auf, sich zum Beispiel an die Wunder zu erinnern, mit denen Gott sie aus Ägypten befreit hatte (5. Mose 5,15 und 16,3). Er ermahnte sie, sich ihre dramatische Gottesbegegnung am Berg Sinai ins Gedächtnis zu rufen (5. Mose 4,10–12). An anderer Stelle sagte er: „Erinnert euch an den langen Weg, den der Herr, euer Gott, euch bis hierher geführt hat, an die vierzig Jahre in der Wüste" (5. Mose 8,2). Übersetzt heißt das: „Erinnert euch an Gottes Treue und Führung und wie geduldig er mit euch war, als ihr so richtig störrisch und bockig wart."

Am Ende drängte Mose das Volk sogar dazu, sich an die dunkelste Episode dieser Reise zu erinnern, die es am liebsten vergessen hätte (5. Mose 9,7) – als sie sich aus einem Impuls heraus ein goldenes Kalb gossen und es als Götze verehrten, unmittelbar nachdem sie sich Gott von ganzem Herzen hingegeben hatten. Es war wichtig, dass sie sich an diesen schmerzlichen Fehltritt erinnerten – aber nicht, damit sie Schuldgefühle bekamen, sondern damit sie eine gesunde Ehrfurcht vor dem hatten, wozu Menschen fähig sind, wenn sie Gott vergessen.

Im Grunde sagte Mose damit: „Jedes Mal, wenn ihr euch eine dieser Erfahrungen bewusst ins Gedächtnis ruft, ist das, als würdet ihr auf ein ‚GOTT EXISTIERT'-Schild schauen."

Na sowas! Vor fast dreieinhalb Jahrtausenden hat Mose schon auf Fakten hingewiesen, die die Neurologen des 21. Jahrhunderts jetzt erst entdecken. Eine ihrer aktuellen Theorien zum menschlichen Gedächtnis lautet, dass unser Gehirn jedes Mal, wenn wir neue Informationen aufnehmen, die wir für wichtig halten, 1. diese Tatsache oder Erfahrung abspeichert und 2. einen Pfad – oder eine Erinnerungsspur – zum Speicherort dieser Information erzeugt. Die Theorie legt nah, dass wir eine Information umso leichter wiederfinden und nutzen können, je häufiger wir darauf zugreifen.

Aber wenn wir die Pfade, die uns helfen sollen, auf bestimmte Informationen zuzugreifen, lange nicht nutzen, wird es immer schwerer, diese Erinnerungsspuren zu erkennen – so ähnlich wie bei Wanderpfaden im Wald, auf denen lange niemand gegangen ist und die dann überwuchern und nicht mehr zu finden sind. Die gewünschte Information ist vielleicht immer noch in unserem Langzeitgedächtnis gespeichert, aber wir können sie nicht mehr abrufen, und sie nützt uns nichts mehr.

Angetrieben durch die ernüchternde Realität von Demenz und Alzheimer, ringen immer mehr Menschen darum, Gedächtnisverlust entgegenzuwirken. Freunde von mir haben ihre Ernährung umgestellt, und meine Frau verschlingt Walnüsse, weil sie angeblich gut fürs Gehirn sind. Andere verstärken ihre sozialen Interaktionen, treiben mehr Sport und versuchen, ihr Gehirn durch Tätigkeiten wie Lesen, Kreuzworträtsellösen, Kartenspielen und Puzzeln zu stimulieren.

Aber was ist mit unserer Neigung, *geistliche* Wahrheiten zu vergessen? Gibt es praktische Wege, um gegen diese „geistliche Demenz" anzugehen? Auf jeden Fall. Durch alle möglichen Hacks und bewusste Aktivitäten können wir in unserem Leben kleine „GOTT EXISTIERT"-Schilder aufstellen.

- *Lies immer wieder die Geschichte Gottes mit seinem Volk.* Freunde von mir versuchen, jedes Jahr einmal die ganze Bibel durchzulesen. Das klingt beeindruckend, aber es ist ehrlich gesagt nicht schwer. Man muss nur jeden Tag drei Kapitel lesen (und sonntags fünf).
- *Notiere dir, wie du Gott kennengelernt hast.* Beschreibe die Umstände, die dazu geführt haben, dass du zum Glauben an Jesus kamst. Erzähle die Geschichte dann anderen, und ermutige sie dazu, dir ihre ganz individuelle Geschichte zu erzählen. Die Geschichte unserer eigenen Errettung zu wiederholen und zu hören, wie Gott andere Menschen zu sich gezogen hat, ist eine wirkungsvolle Erinnerung daran, dass Gott existiert – und dass er in dieser Welt handelt.
- *Lerne jede Woche einen neuen Bibelvers auswendig, und wiederhole ihn eine Woche lang jeden Tag, dann einen Monat lang jede Woche und dann ein Jahr lang jeden Monat.* Stell dir das nur mal vor: Nach einem Jahr kannst du über 50 Bibelverse auswendig und nach zehn Jahren mehr als 500 Bibelverse!
- *Sei Teil der Gemeinschaft aller Christen.* Wenn du dich regelmäßig mit anderen Christen zum Gebet, zum Bibelstudium, zur Anbetung und zum gemeinsamen Dienen triffst, wirst du regelmäßig an Gottes Existenz, seine Liebe und seine Macht erinnert.
- *Halte wichtige Ereignisse in deinem Leben, bei denen du Gottes Gegenwart und seine Macht eindeutig gespürt hast, schriftlich fest.* Hole diese Aufzeichnungen immer wieder hervor, füge etwas hinzu, und lies sie durch, wenn dein Glaube ins Wanken kommt.
- *Führe ein Gebetstagebuch, in dem du Gebetserhörungen fest-*

hältst. Nichts erinnert uns stärker daran, dass Gott existiert, als zu lesen, wie er eine Beziehung geheilt, Menschen zu sich gezogen, eine Ehe wiederhergestellt oder eine penetrante Bitte abgelehnt hat, um uns dann etwas viel Besseres zu geben.

- *Errichte ein Denkmal, das dich an Gottes Treue erinnert.* Ein Denkmal kann fast alles sein: Steine (siehe Lifehack Nr. 33), ein eingerahmter Brief oder ein Schnappschuss von einem großen Ereignis. Vielleicht könnte dein Denkmal ja auch eine Fotowand sein – von all den Menschen, die du mit Gott bekannt gemacht hast. Vielleicht könnte es auch ein Regal sein, auf dem all die Bücher stehen, die Gott gebraucht hat, um deinen Glauben zu entfachen und zu stärken.

Meine Mutter – Gott hab sie selig – hat wacker gegen die Demenz angekämpft. In ihrem letzten Lebensjahr hatte die Krankheit fast jede Erinnerung in ihr ausgelöscht. Aber nicht alle. Meist konnte sie immer noch die alten Kirchenlieder summen, die sie als Kind gelernt hatte. Und wenn sie besonders viel Angst hatte oder verwirrt war – und von diesen Augenblicken gab es viele –, bestand ihre erste Reaktion immer darin zu beten. Mit Ausnahme der letzten drei oder vier Monate hat sie jeden Morgen an eine Sache gedacht – sie griff nach ihrer alten Bibel, die neben ihrem Sessel lag.

Vor meinem inneren Auge kann ich immer noch sehen, wie sie sich dieses kostbare Buch dicht vor die Augen hielt. Es war ihr ganz persönliches „GOTT EXISTIERT"-Schild.

Lifehack Nr. 36

Wenn du dich fragst: Wie lange brauche ich diese geistlichen Lifehacks noch?

Es gibt ein unumgängliches Gesetz im Leben, das man so zusammenfassen könnte:
Alles wird allmählich unansehnlich.
Das ist wie bei der Schwerkraft: Der kann sich auch niemand entziehen. In einer gefallenen Welt ist der Niedergang hin zur Unordnung ein Naturgesetz. Beweise dafür sehen wir überall um uns herum: Straßen bekommen Schlaglöcher, Farbe blättert ab, die Haare werden weniger und die Falten mehr, das Auto braucht neue Bremsen, im Blumenbeet muss man ständig Unkraut jäten.
Entropie heißt der Terminus, mit dem manche Menschen diese unaufhörliche Auflösung beschreiben. Und die betrifft nicht nur materielle Dinge. Entropie ist das, was passiert, wenn ein gut geführtes Unternehmen nachlässig wird, wenn eine einflussreiche Bewegung ihr Momentum verliert, wenn eine Ehe bröckelt, wenn Herzen kalt werden.
Weißt du, was Mose am Ende seines Lebens, als er sich von seinem Volk verabschiedete, am meisten Sorgen gemacht

hat? Entropie. Oder genauer gesagt, die äußerst realistische Gefahr der *geistlichen* Entropie. Das erklärt auch, warum er sie angefleht hat: „Hütet euch bloß davor, etwas von dem, was ihr gesehen habt, zu vergessen! Ja, erinnert euch euer Leben lang daran" (5. Mose 4,9).

Wenn diese uralte Warnung dir nicht den Atem raubt, solltest du vielleicht mal überprüfen, ob du überhaupt noch lebst. Mose wollte damit nämlich sagen: „Sobald ihr aufhört, auf euer Herz zu achten, wird die Entropie ihr zerstörerisches Werk beginnen." Wenn wir nicht wachsam sind, werden all die lebensverändernden Dinge, die wir Gott gestern oder heute noch haben tun sehen oder sagen hören, morgen schon vergessen sein. Diese Wahrheiten werden in unserem Herz und unserer Erinnerung verblassen. Unsere Seele wird unansehnlich ... langsam, aber sicher.

„Ist ja gut. Ich hab's verstanden", stöhnst du vielleicht gerade. „Es ist wichtig, dass ich mich um mein Innenleben kümmere und diese Lifehacks anwende. Sag mir einfach, wie lange ich das machen muss." Moses Gebot, auf der Hut zu sein, gibt uns einen Hinweis darauf, wie lange: für den Rest unseres Lebens!

Hier sehen wir mal wieder einen grundlegenden Unterschied zwischen *normalen Lifehacks* und *geistlichen Lifehacks*. Die meisten Lifehacks sind kreative Lösungen oder geschickte Kniffe, die wir nur gelegentlich brauchen (wie zum Beispiel Nachos als Grillanzünder zu verwenden).

Die besten geistlichen Lifehacks sind gewohnheitsmäßige Handlungen. Sie verändern unser Leben, weil wir sie regelmäßig anwenden. (Das ist die traurige Wahrheit an guten Gewohnheiten: Wenn man sie ein oder zwei Wochen lang nicht mehr praktiziert, ist man sie wieder los!)

Was will ich damit sagen? Dass geistliche Entropie real ist, dass sie sogar unsere guten Gewohnheiten befällt und wir deshalb nie aufhören dürfen, diese geistlichen Lifehacks anzuwenden. Wenn wir nachlässig werden, wird unsere Seele die wichtigsten Wahrheiten schon bald wieder vergessen.

An einem warmen Nachmittag vor vielen Frühjahren unternahm ich mit meiner Frau eine Tour über unser fürstliches Anwesen – über die ganzen 0,14 Hektar. Ich spielte den Gartenbaufachmann und nannte ihr alle Gründe dafür, weshalb wir keinen Gartenbauwettbewerb gewinnen würden. Ich deutete auf unser ärmliches Rosenbeet, die verlausten Azaleen und die Gardenien, die aussahen, als hätte Jesus sie verflucht. Ich stellte betroffen fest, dass Vogelmiere, Löwenzahn und wilder Lauch in den gleichen Beeten wuchsen, in denen auch unser Tausendfüßlergras von einer Art Killerpilz heimgesucht wurde. (Fangfrage: Warum können Wissenschaftler die Schädlinge nicht dazu kriegen, nur das Unkraut zu fressen und nicht die guten Pflanzen, und die Pilze dazu, bloß die Schädlinge zu töten?)

Meine fromme Frau hörte sich mein Jammern einige Minuten lang an, dann lächelte sie lieb und meinte sanft: „Du willst den Himmel."

Es waren nur vier Worte, aber eine so tiefe Erkenntnis. Ich will nicht nur einen unkrautfreien Rasen, ich will eine fehlerfreie Welt.

Mit dieser Sehnsucht stehe ich nicht allein da. Du willst vermutlich das Gleiche: Kinder, die sich nie selbst Schaden zufügen und keine falschen Entscheidungen treffen, Beziehungen, in denen es keine Probleme gibt, Arbeit, die so viel Spaß macht, dass sie sich gar nicht wie Arbeit anfühlt, einen Körper, der nie wehtut oder müde wird, einen Verstand, der sich *immer* an Namen, Ereignisse und Dinge erinnert.

Natürlich wünschen wir uns den Himmel! Als Nachkommen von Adam und Eva tragen wir in unserer Seele eine blasse Erinnerung an den Garten Eden. Warum sonst sollte Schönheit uns so tief beeindrucken? Wir haben Heimweh nach dem Paradies, das wir verloren haben. Und weil wir nicht zurückkönnen, können wir nur sehnsüchtig das Bild bestaunen, das uns in Offenbarung 21 und 22 vor Augen gemalt wird.

Und solange wir darauf warten, müssen wir die geistlichen Lifehacks praktizieren! Das liegt in unserem Wesen. Wir ahnen instinktiv, dass alle Dinge und alle Menschen eigentlich besser sein sollten, als sie jetzt sind. Wenn wir also etwas sehen, das kaputt ist und repariert werden muss, oder etwas Gutes, das man verbessern könnte, können wir es uns nicht verkneifen: Wir legen los und tüfteln hartnäckig oder experimentieren nervös herum. Weil wir uns nach dem Himmel sehnen, reparieren wir den Motor und verbessern das Rezept. Deshalb überarbeiten wir Abläufe, räumen unseren Schrank auf, machen noch einmal eine Diät, erneuern unser Ehegelübde, schreiben ein Buch.

Und die Wahrheit? Wir wünschen uns den Himmel. Die gute Nachricht ist: Eines Tages werden wir ihn bekommen. Und nicht nur den Himmel, sondern einen „neuen Himmel" – und eine neue Erde, wo wir noch einmal neu anfangen können (Offenbarung 21,1).

Wie wird unser zukünftiges Leben aussehen? Die Bibel verrät nicht viele Einzelheiten, sondern gibt uns nur eine grobe Zusammenfassung: Wir, Gottes Volk, werden eines Tages mit erlöster Seele, erneuertem Verstand und wiederhergestelltem Körper den, nach dessen Ebenbild wir erschaffen sind, von Angesicht zu Angesicht sehen.

In seinem Andachtsbuch *Diary of an Old Soul* spekuliert George MacDonald betend – und voller Freude – darüber, was wir wohl in der Ewigkeit *tun* werden:

Was, wenn du uns fähig machst zu erschaffen wie du –
mit Gestirnen zu erleuchten, mit Grün zu bekleiden,
einen goldenen Sonnenuntergang über ein rosarotes Meer
zu malen![1]

Bei dem Gedanken, dass so etwas einmal möglich sein könnte, bleibt einem das Herz stehen; und er ergibt durchaus Sinn – theologisch und logisch. Wir wurden nach dem Vorbild des großen Schöpfers erschaffen und werden nach dem Ebenbild von Jesus Christus geformt. Ist es da nicht logisch, dass auch in diesem Fall der Apfel nicht weit vom Stamm fällt und wir einmal selbst Schöpfer sein werden – gewissermaßen in Offenbarung 23 und darüber hinaus?

Stell dir mal vor, wie das aussehen könnte, wenn wir unseren gereinigten, verherrlichten Einfallsreichtum in einer ganz neuen Welt ausleben können, in der es keine Probleme, aber dafür unendlich viel Potenzial gibt. Wenn wir den Sündenfall mit allem, was er zerstört hat, nur noch im Rückspiegel sehen und nicht mehr reparieren müssen, was kaputt gegangen ist, können wir entdecken, was alles möglich ist.

Wir werden den besten Workshop, das beste Labor, die beste Spielwiese, Bühne oder Leinwand für unsere gottgegebene Kreativität haben!

Die Verheißung des Evangeliums klingt zu schön, um wahr zu sein. Aber sie *ist* wahr. Gott hat uns durch Jesus Christus mit sich selbst versöhnt. Er hat uns ein neues Leben geschenkt, das nie enden wird. Das ist mehr als nur eine Garantie für die Zukunft; es schenkt uns auch Hoffnung für *heute*. Gottes Heiliger Geist ist in unser Leben gekommen und dabei, uns heute zu verändern – von innen nach außen.

Mit heiligem Mut und geheiligtem Erfindergeist ist die vor uns liegende Aufgabe klar: Wir sollen neue Wege finden, unser Herz für den Einen zu öffnen, der es erschaffen hat, und es ihm zuwenden. Durch seine liebevolle Gnade und grenzenlose Kraft werden wir unter Verwendung der Lifehacks weiterhacken, bis wir zu ihm nach Hause kommen.

Liste der geistlichen Lifehacks

1. Wo fängt man mit den Hacks an?: Fang mit deinem Herzen an.
2. Wenn du dich geistlich nicht so entwickelst, wie du dir das wünschst: Warte nicht länger auf einen heiligen Geistesblitz, sondern fang an, regelmäßig geistliche Übungen zu praktizieren.
3. Wenn du in eine Welt voller Probleme aufbrichst: Steck dir ein paar „Hosannas!" in die Tasche.
4. Wenn du das Gefühl hast, dass Gott in deinem Leben nicht am Werk ist: Schau (mit den Augen des Glaubens) über deinen Tellerrand hinaus.
5. Wenn du mit Zweifeln kämpfst: Kehre zu den Basics des christlichen Glaubens zurück.
6. Wenn du dich überfordert fühlst: Schreibe eine Liste, und überprüfe sie zweimal.
7. Wenn das Leben voller Ungewissheiten ist: Entspanne dich, und mach dir bewusst, dass Gott von deinen Problemen und Fragen weiß!
8. Wenn du völlig erschöpft bist: Mach dir bewusst, dass Gott versprochen hat, den Erschöpften Ruhe zu schenken.
9. Wenn es lange dauert, bis du dich von einer kräftezehrenden Erfahrung erholt hast: Übereile nichts, sondern verlass dich auf Gottes Zeitplan.

10. Wenn der Gedanke an Buße dich kalt lässt: Tue Buße für deine falschen Vorstellungen von Buße.
11. Wenn du beten willst, aber nicht die richtigen Worte findest: Versuche es mal mit einem „Atemgebet" oder „Herzensgebet".
12. Wenn deine Stille Zeit zu langweilig ist: Verleihe ihr neue Würze, indem du sie einmal anders gestaltest.
13. Wenn du das Gefühl hast, jemanden unbedingt retten zu müssen: Bleibe bei der Aufgabe, die Gott dir in seiner großen Geschichte zugewiesen hat.
14. Wenn du deinen Glauben mal einem Gesundheitscheck unterziehen solltest: Stelle dich den eindringlichen Fragen von Jesus.
15. Wenn dein Herz erfüllt ist (aber nicht mit den besten Dingen): Kippe den Müll weg, und lasse dich von Gott neu füllen.
16. Wenn du nur um dich selbst kreist: Trinke mal eine Tasse Kaffee mit einem Freund bzw. einer Freundin, und erkundige dich, wie es ihm bzw. ihr geht.
17. Wenn es dir (emotional) nicht gut geht: Halte Ausschau nach jemandem, der Unterstützung gebrauchen könnte.
18. Wenn du es satt hast, etwas vorzutäuschen: Packe deine Seele am Kragen, und sag ihr, wie wichtig es ist, wirklich ehrlich und authentisch zu sein.
19. Wenn du nicht weißt, was du sagen sollst: Sage das, was du sagen musst.
20. Wenn du dankbarer sein könntest: Mache dir Gedanken darüber, welche Vorteile es hat, zu den „Dankbaren" zu gehören.
21. Wenn du gezwungen bist, Zeit mit einer nervtötenden

Person zu verbringen: Beschäftige dich mit dem USB-Plan.
22. Wenn du innerlich ganz aufgewühlt bist: Suche dir ein ruhiges Fleckchen, und bitte Gott, dir Ruhe zu schenken.
23. Wenn du ermutigende Botschaften erhältst: Lege sie in deine Barnabas-Schachtel.
24. Wenn du dich selbst nicht leiden kannst, weil du Dinge nicht tust, die du eigentlich tun solltest: Höre auf die eine Stimme, die wirklich zählt.
25. Wenn du wütend bist, weil dir so viele nervige Menschen im Weg stehen: Praktiziere das Guerilla-Gebet.
26. Wenn du am liebsten aufgeben würdest: Komm immer wieder.
27. Wenn du denkst, du hättest anderen nichts zu bieten: Höre auf, dich mit anderen zu vergleichen, erkenne deine Einzigartigkeit, und feiere mit!
28. Wenn du dir zu viele Gedanken über die anderen machst: Mache ein „Social Media"-Fasten, und kümmere dich nur um dein eigenes Leben.
29. Wenn du keine Lust hast, das zu tun, was du tun solltest: Weise deine Gefühle „im Glauben" in die Schranken.
30. Wenn du mit Psalm-88-Gefühlen in einem Psalm-98-Gottesdienst sitzt: Denke daran, dass Weinen für die Seele genauso gut sein kann wie Klatschen und fröhliches Singen.
31. Wenn Produktivität zum Problem wird: Mache eine Pause, denn weniger kann wirklich mehr sein.
32. Wenn du mit etwas neu anfängst: Fange mit (persönlicher) Hingabe an.
33. Wenn dein Leben aus dem Gleichgewicht gerät: Nimm dir einen Stein.

34. Wenn dir alles nur noch grau und trübe vorkommt: Wirf einen Blick auf das Ende.
35. Wenn du ständig vergisst, worauf es ankommt: Stelle ein paar „GOTT EXISTIERT"-Schilder auf.
36. Wenn du dich fragst: Wie lange brauche ich diese geistlichen Lifehacks noch?: Stelle dich dem Gesetz der Entropie entgegen, und verwende die Lifehacks, bis du endlich zu Hause bist.

Danksagung

Man braucht schon fast ein ganzes Dorf, um Autoren hervorzubringen und Bücher zu schreiben. Deshalb geht mein Dank an:

Mrs. Burlew und Mrs. Slattery, die mir das Lesen beigebracht haben.
Mama, die mich Woche für Woche in die Stadtbibliothek gefahren hat.
Mrs. Charlotte Rogers, die mir geduldig das Tippen beigebracht hat.
Professor Howard Hendricks, der mich ermutigt hat, kreativ zu sein.
Frederick Buechner, der mir gezeigt hat, wie eindringlich und kraftvoll Worte sein können.
Dave Veerman, der mir so viele Chancen gegeben und so viele Türen geöffnet hat.
Steve Laube, der mich Todd Hafer vorgestellt hat.
Todd Hafer, der an diese Idee geglaubt und dieses Projekt geleitet hat.
Harvest House für die Gelegenheit, gemeinsam mit ihnen dieses unterhaltsame Projekt zu verwirklichen.
Kim Moore und Jean Kavich Bloom für ihr gekonntes Lektorat und ihre Ermutigung.
Meine Familie, meine Freunde von nah und fern, die mich jeden Tag ermutigen, meine Seele zu hegen und zu pflegen.

Anmerkungen

Was zum Henker ist ein Hack?
1. https://www.duden.de/rechtschreibung/hacken_mit_Hacke_Beil
2. In der gleichnamigen Serie, die seit 2016 auf dem amerikanischen Sender CBS ausgestrahlt wird bzw. in Deutschland auf SAT1 und Kabel 1, geht es um die Jugendjahre des Helden aus dem Original.
3. Ho, Leon: „Welcome to Lifehack!", in: E-Mail-Newsletter für neue Abonnenten (02.09.2019)
4. Ebd.
5. Ich wüsste nicht, dass dieser alte Prediger die Hauptgedanken der Bibel aufgezählt hat, aber meiner Meinung nach lauten sie wie folgt: 1. Gott existiert. 2. Gott ist es wert, dass man ihn kennt, liebt und ihm dient. 3. Menschen neigen dazu, Gott abzulehnen, sich gegen ihn aufzulehnen und vor ihm davonzulaufen. 4. Gott hat Jesus Christus gesandt, damit dieser uns sucht und rettet. 5. Wir sollen unser Vertrauen auf Jesus Christus setzen. 6. Beim Leben geht es um mehr als nur diese irdische Existenz. 7. Gott hat uns dazu erschaffen, gesunde Beziehungen zu anderen aufzubauen. 8. Am Ende wird alles gut werden.

Lifehack Nr. 1: Wo fängt man mit den Hacks an?
1. Daran erkennen wir, dass Gott ein Thema wichtig ist: wenn es in der Bibel wieder und wieder auftaucht.

Lifehack Nr. 2: Wenn du dich geistlich nicht so entwickelst, wie du dir das wünschst
1. O'Connor, Flannery: *Mystery and Manners: Occasional Prose*. Farrar, Straus und Giroux, New York 1969, S. 44.
2. Wie kann man 2,5 Cent pro Woche als Zehnten geben? Ganz einfach: Man wechselt ab – eine Woche 2 Cent, die nächste Woche 3 Cent. Oh Wunder der Mathematik!
3. Während ich dieses Kapitel schrieb, aß ich mit einem alten Freund zu Mittag, dessen Frau während ihrer Studienzeit auf dramatische Weise von Bulimie geheilt wurde. Eines Tages – viele Menschen

beteten schon lange für sie – war das Verlangen, sich erst vollzustopfen und dann zu erbrechen, einfach weg. Sie war davon befreit. Ich kenne auch andere Christinnen, die die Bulimie besiegt haben – aber letztlich nur nach einem langen, harten Kampf.

Lifehack Nr. 3: Wenn du in eine Welt voller Probleme aufbrichst
1. Mehr über die unterschiedlichsten Arten von Klebeband (z. B. Gaffer-Tape oder Panzerband) kannst du hier nachlesen: https://de.wikipedia.org/wiki/Klebeband.
2. Manche Menschen schwören, dass man mit Klebeband Warzen entfernen kann, wenn man diese sechs Tage lang damit zuklebt.
3. Es ist zum größten Teil Klebeband zu verdanken, dass die Besatzung der Apollo 13 in ihrer schwer beschädigten Rakete heil wieder auf die Erde zurückkam.
4. Selbst wenn wir uns nicht mehr an den Zeitpunkt erinnern: Gott weiß ganz genau, wann sich dieses Wunder – dass er uns gerettet hat und wir ewiges Leben erhalten haben – bei jedem von uns ereignet hat.

Lifehack Nr. 4: Wenn du das Gefühl hast, dass Gott in deinem Leben nicht am Werk ist
1. Das 2. Buch Mose fängt damit an, dass die Kinder Jakobs in Ägypten königlich leben, einen Babyboom erleben und zu zwölf großen Stämmen heranwachsen. Als Folge davon – hier kommt die Wendung der Geschichte – verkündet Ägyptens neuer Herrscher, man solle diese „geduldeten Ausländer" zu Sklaven machen. Sie bleiben daraufhin Jahrhunderte lang in Gefangenschaft.
2. Die Verzweiflung des Volkes Israel kann man an dem Wort erkennen, das mit „verzweifelt aufschreien" übersetzt wird. Das gleiche Wort beschreibt in 2. Samuel 13 den Aufschrei eines Vergewaltigungsopfers. In 2. Samuel 19 beschreibt es Davids Reaktion, als er erfährt, dass sein Sohn getötet wurde. Wenn man einmal nachrechnet (und 2. Mose 2,11 – 22 mit Apostelgeschichte 7,30 vergleicht), stellt man fest, dass dieses qualvolle Gebet 40 Jahre gedauert haben muss!
3. Ich habe von mehreren Personen Varianten dieses Gedankens gehört, dass wir wahrscheinlich nur zwei bis drei dieser von Gott angestoßenen Ereignisse auf einmal erkennen können – kürzlich auch von John Piper.
4. Steven Spielberg ist einer der Mitbegründer von *DreamWorks*. Das Studio ist u. a. bekannt für die Produktion des Zeichentrickfilms über das Leben von Mose: *Der Prinz von Ägypten*. Ist das Ironie oder Gottes Sinn für Humor?

Lifehack Nr. 5: Wenn du mit Zweifeln kämpfst
1   Ich vermute, dass Annes Freunde sofort zum Angriff übergangen sind, weil sie die gleichen beunruhigenden Fragen geäußert hat, die auch sie selbst umtreiben – beunruhigende Gedanken, denen sie sich nicht zu stellen wagen. Ich hege den Verdacht, wenn man ihnen allen ein Wahrheitsserum gespritzt hätte, hätten sie es zugegeben. Es liegt in der menschlichen Natur, dass wir die Probleme, die uns am meisten betreffen, am schärfsten verurteilen.

Lifehack Nr. 6: Wenn du dich überfordert fühlst
1   Wallechinsky, David, Amy D. Wallace, Ira Basen u. Jane Farrow: *The Book of Lists*. Knopf Canada 2012, x.

Lifehack Nr. 7: Wenn das Leben voller Ungewissheiten ist
1   Diese Vorhersage wurde ursprünglich in einem Referat erwähnt („The Toxic Terabyte: How Data Dumping Threatens Business Efficiency"), das im Juli 2006 von *IBM Global Technology Services* veröffentlicht wurde. Hier nachzulesen: https://www.pdf-book-search.com/toxic/the-toxic-terabyte-ibm.html. Berichtet von David Russell Schilling: „Knowledge Doubling Every 12 Months, Soon to Be Every 12 Hours", *Industry Tap into News*, 19. April 2013. http://www.industrytap.com/knowledge-doubling-every-12-months-soon-to-be-every-12-hours/3950.
2   Ich kann berichten, dass unser alter Amana schließlich den Geist aufgab, während dieses Buch überarbeitet wurde. Damit war unsere Familie wahrscheinlich Zeuge des langsamsten Todes in der Geschichte der Haushaltsgeräte.
3   Siehe 2. Samuel 7,20; 1. Könige 8,39; 1. Chronik 17,18; 2. Chronik 6,30; Psalm 40,10; 69,20; 139,2+4; Jeremia 12,3; Hesekiel 37,3; Johannes 16,30 u. 21,15–17.
4   Matthäus 26,69–75; Markus 14,66–72; Lukas 22,54–62; Johannes 18,15–18.25–27.

Lifehack Nr. 10: Wenn der Gedanke an Buße dich kalt lässt
1   Mein Freund Dave nennt diese seltsame Praktik, andere anzupredigen, indem man irgendwelche frommen Begriffe an Brücken sprüht, „Evandalismus".

Lifehack Nr. 11: Wenn du beten willst, aber nicht die richtigen Worte findest
1   Das „Jesusgebet" ist angelehnt an Lukas 18,13 und 39.
2   Ein faszinierendes Buch mit dem Titel *The Way of the Pilgrim*, das

Ende des 19. Jahrhunderts erschien, dokumentiert den Versuch eines russischen Christen, „beständig zu beten".

Lifehack Nr. 12: Wenn deine Stille Zeit zu langweilig ist
1   Lewis, C. S.: *Dienstanweisung für einen Unterteufel*. Herder Verlag, Freiburg im Breisgau, 1975, S. 39.

Lifehack Nr. 13: Wenn du das Gefühl hast, jemanden unbedingt retten zu müssen
1   Die Tatsache, dass Donnie Bryants Bitte, ihn in der Lobby eines Nobelhotels zu treffen, mich nicht stutzig gemacht hat, beweist, dass er entweder ein großartiger Betrüger war oder ich ein Vollpfosten – oder beides.
2   Wenn du diesen Punkt angekreuzt hast, dann melde dich doch mal bei mir, damit wir unsere Erfahrungen vergleichen und uns gegenseitig trösten können.

Lifehack Nr. 14: Wenn du deinen Glauben mal einem Gesundheitscheck unterziehen solltest
1   Wenn ein Arzt oder eine Arzthelferin sagt: „So, jetzt steigen wir auf die Waage, und schauen mal, wie viel wir wiegen", bin ich immer versucht zu antworten: „Glauben Sie mir, wenn ich allein drauf stehe, ist die Zahl schon groß genug."
2   Ich bin ein großer Fan von Zahnseide. „Richtige Pflege verhindert falsche Zähne", sage ich immer.
3   In seinem Buch *Jesus is the Question* kommt Martin Copenhaver zu dem Ergebnis, dass Jesus in den Evangelien 307 Fragen stellt.

Lifehack Nr. 15: Wenn dein Herz erfüllt ist (aber nicht mit den besten Dingen)
1   Wenn ich allein bete, was meist dann geschieht, wenn der Rest der Welt noch schläft, halte ich meine Hände wie eine Schale geformt hoch. Wenn der Rest der Welt mir allerdings zuschaut, mache ich das nicht. Das würde zu komisch aussehen.

Lifehack Nr. 16: Wenn du nur um dich selbst kreist
1   Ich könnte dir genau sagen, wo meine EGO-Karte ist, wenn ich nicht gerade mit dem 5. Teen-Gebot solche Schwierigkeiten hätte: „Gib auf deine Sachen acht."

Lifehack Nr. 18: Wenn du es satt hast, etwas vorzutäuschen
1   Lewis, C. S.: *Letters to Malcolm: Chiefly on Prayer*. HarperCollins, New York 1992, S. 27.

[2] In Apostelgeschichte 1,24 sprechen die Apostel von Gott als *kardiognostes*, was wörtlich übersetzt „Herzenskenner" bedeutet. Diese Beschreibung Gottes setzt sich aus zwei griechischen Begriffen zusammen: *kardia*, das Herz, und *gnosis*, Wissen, Erkenntnis.

Lifehack Nr. 19: Wenn du nicht weißt, was du sagen sollst

[1] Diese Zahl basiert auf zwei Erhebungen: 1. auf einer Studie von Dr. James Pennebaker und anderen Mitarbeitern der psychologischen Fakultät der Universität von Texas (2007 in der Zeitschrift *Science* veröffentlicht). Diese Studie ergab, dass weibliche Probanden durchschnittlich 16 215 Wörter pro Tag sprachen und männliche Probanden 15 669. (Man muss dabei anmerken, dass manche Probanden nur 500 Wörter pro Tag sprachen und andere bis zu 47 000). 2. auf der von der amerikanischen Gesundheitsbehörde ermittelten durchschnittlichen Lebenserwartung in den USA (78,8 Jahre in 2017). In Deutschland liegt die durchschnittliche Lebenserwartung bei 80,7 Jahren (2016).

[2] Dabei ersetzen wir doch unsere Hüft- und Kniegelenke links und rechts, wo die durchschnittliche Schrittzahl eines durchschnittlich aktiven Menschen – 143 810 000 im gesamten Leben (5.000 pro Tag x 78,8 Jahre) – weniger als ein Drittel der gesprochenen Wörter beträgt. Siehe auch Wendy Baumgardner: „How Many Average Daily Steps People Walk", verywellfit.com, 1. Oktober 2018. https://www.verywellfit.com/whats-typical-for-average-daily-steps-3435736.

[3] Gespräche, in denen man Differenzen ausbügelt, sollten niemals über Facebook und Co. oder per E-Mail geführt werden. Man sollte persönlich miteinander reden. Wenn das nicht möglich ist, weil man weit voneinander entfernt lebt, ist auch ein Telefonat denkbar – aber das sollte man dann mit Videotelefonie machen.

[4] Das an dieser Stelle verwendete griechische Wort bedeutet wörtlich übersetzt „verfault". Andere Bibelübersetzungen geben diese Passage auch mit „faules Geschwätz" (LÜ) wieder.

Lifehack Nr. 20: Wenn du dankbarer sein könntest

[1] Ich habe diese Geschichte in einem Interview gehört, das Krista Tippett mit Elizabeth Gilbert im „On Being"-Podcast vom 7. Juli 2016 führte.

Lifehack Nr. 22: Wenn du innerlich ganz aufgewühlt bist

[1] Eine Pappel-Feige in Bodhgaya/Indien, unter der Siddhartha Gautama (auch als Buddha bekannt) die Erleuchtung erlangt haben soll.

[2] In Wahrheit ist die ganze Welt heilig, weil es keinen Ort gibt, an

dem Gott nicht ist. Manche Orte kommen uns nur heiliger vor, weil wir uns intensiver mit ihnen beschäftigen.

3   Das ist eines der faszinierenden Dinge am Rocky Mountain Nationalpark: Das Wetter wechselt ständig. Die Bewohner der Region witzeln darüber: „Hier kann man manchmal alle vier Jahreszeiten an einem Tag erleben." Ich weiß nicht, ob das stimmt, aber ich erinnere mich daran, dass ich einmal bei einer Wanderung Ende Mai heftig geschwitzt habe und es dann am selben Tag noch geschneit hat.

Lifehack Nr. 26: Wenn du am liebsten aufgeben würdest
1   Zurzeit sind eine Sammlung alter Anstecknadeln aus Präsidentschaftswahlkämpfen und ein sechs Jahre altes MacBook Pro meine wertvollsten Schätze.
2   Choe, Sang-Hun: „At First She Didn't Succeed, but She Tried and Tried Again (960 Times)". In: *The New York Times*, 3. September 2010.   https://www.nytimes.com/2010/09/04/world/asia/04driver.html.

Lifehack Nr. 28: Wenn du dir zu viele Gedanken über die anderen machst
1   Diese beiden Jünger – Petrus und Johannes – scheinen ständig miteinander gewetteifert zu haben (siehe Johannes 20,3–4).

Lifehack Nr. 29: Wenn du keine Lust hast, das zu tun, was du tun solltest
1   In dieser Aussage geht es um das Leben aus Glauben (das eigene Vertrauen auf Gott setzen, ihn durch diesen Glauben kennenlernen und dann in ständigem Vertrauen mit Gott leben). Sie ist so wichtig, dass sie im Neuen Testament dreimal wiederholt wird (Römer 1,17, Galater 3,11, Hebräer 10,38).
2   Lewis, C. S.: *The World's Last Night and Other Essays*. Harcourt, Brace and Company, New York 1952, S. 109.

Lifehack Nr. 30: Wenn du mit Psalm-88-Gefühlen in einem Psalm-98-Gottesdienst sitzt
1   Ich bezweifle, dass Anbetungsleiter irgendeinem anderen Vers in der Bibel mehr Beachtung schenken als Psalm 98,1.
2   Falls du eine der sieben Personen auf dieser Welt bist, die A. A. Milnes Geschichten über Christopher Robin und seine geliebten Stofftiere, die zum Leben erweckt wurden, nicht kennst: Pu ist Robins Lieblingsteddy, I-Aah ist ein depressiver Esel, und der Tiger namens „Tieger" hüpft immer freudig erregt herum.

Lifehack Nr. 31: Wenn Produktivität zum Problem wird
1 Das Tolle am Leben als *Autor* ist, dass man *Autorität* hat und *autoritativ* sein darf. Wenn du also das Gefühl hast, dass du die offizielle Erlaubnis brauchst, um diesen Hack auszuprobieren – zu sagen, dass du einfach mal vorübergehend „außer Betrieb" bist –, dann schreibe mir einfach eine E-Mail (lenwoods@gmail.com). Ich werde dir dann die schriftliche Erlaubnis schicken.

Lifehack Nr. 33: Wenn dein Leben aus dem Gleichgewicht gerät
1 War nur ein Scherz. Die drei Arten von Gestein sind *magmatische*, *metamorphe* und *Sedimentgesteine*. Aber bitte frag mich jetzt nicht, was diese Begriffe bedeuten.

Lifehack Nr. 34: Wenn dir alles nur noch grau und trübe vorkommt
1 Wenn ich sage, dass ich „eine sehr umfassende und hochwissenschaftliche Studie" durchgeführt habe, dann meine ich das natürlich ironisch.
2 Leavitt, Jonathan D. u. Nicholas J. S. Christenfeld: „Story Spoilers Don't Spoil Stories", 26. Mai 2011, https://journals.sagepub.com/doi/abs/10.1177/0956797611417007.

Lifehack Nr. 35: Wenn du ständig vergisst, worauf es ankommt
1 Im 5. Buch Mose wird das Thema „Erinnern und Vergessen" mehr als 25-mal angesprochen.

Lifehack Nr. 36: Wenn du dich fragst: Wie lange brauche ich diese geistlichen Lifehacks noch?
1 MacDonald, George: *Diary of an Old Soul*. Augsburg, Minneapolis 1994, S. 30 (Eintrag vom 3. März).

Eine Quelle der Inspiration

„Als ich Alltagsglücklich zum ersten Mal aufgeschlagen habe, wollte ich es gar nicht mehr aus der Hand legen. Es ist sooo schön gestaltet!"

Leserstimme

Alltagsglücklich - eine liebevoll gestaltete Quelle der Inspiration und ein Wegweiser zu einer tieferen Gottesbeziehung. Lassen Sie sich von den 101 Impulslisten an Gottes großartige Verheißungen für Ihr Leben erinnern und Ihre Seele mit Liebe, Ruhe und Frieden erfüllen.

Alltagsglücklich
Gebunden • 208 Seiten • ISBN 978-3-95734-668-1

Der Verlag weist ausdrücklich darauf hin, dass im Text enthaltene externe Links vom Verlag nur bis zum Zeitpunkt der Buchveröffentlichung eingesehen werden konnten. Auf spätere Veränderungen hat der Verlag keinerlei Einfluss. Eine Haftung des Verlags ist daher ausgeschlossen.

This book was first published by Harvest House Publishers, Eugene, Oregon 97408, with the title *Spiritual Life Hacks*.
www.harvesthousepublishers.com
Copyright © 2019 by Len Woods
© 2020 der deutschen Ausgabe by Gerth Medien in der SCM Verlagsgruppe GmbH, Dillerberg 1, 35614 Asslar

Soweit nicht anders angegeben, wurden alle Bibelzitate der *Hoffnung für alle®* entnommen. Copyright © 1983, 1996, 2002, 2015 by Biblica Inc.®. Verwendet mit freundlicher Genehmigung von Fontis – Brunnen Basel. Alle weiteren Rechte weltweit vorbehalten.
Weitere verwendete Bibelübersetzungen:
Gute Nachricht Bibel, revidierte Fassung, durchgesehene Ausgabe,
© 2000 Deutsche Bibelgesellschaft, Stuttgart (GN)
Lutherbibel, revidierter Text 1984, durchgesehene Ausgabe,
© 1999 Deutsche Bibelgesellschaft, Stuttgart (LÜ)
Neues Leben. Die Bibel, © 2002 und 2006 SCM R. Brockhaus im SCM-Verlag GmbH & Co. KG, Witten (NL)
Neue Genfer Übersetzung – Neues Testament und Psalmen,
Copyright © 2011 Genfer Bibelgesellschaft (NGÜ)
Elberfelder Bibel, © 2006 by SCM R. Brockhaus in der SCM Verlagsgruppe GmbH, Witten/Holzgerlingen (ELB)

1. Auflage 2021
Bestell-Nr. 817674
ISBN 978-3-95734-674-2

Umschlaggestaltung: Kathrin Steigerwald / www.kathrinsteigerwald.de
Satz: Vornehm Mediengestaltung, München
Druck und Verarbeitung: GGP Media GmbH, Pößneck
Printed in Germany

www.gerth.de